小学校 教科書単元別

到達目標と評価規準

国語 学4-6年

INDEX

はじめに　田中耕治	3
本書の特長	4
新学習指導要領のポイント	6
学習指導要領　国語改訂のポイント	8
指導要録改訂のポイント	10
各教科の評価の観点と領域	12
単元一覧表	14
到達目標と評価規準	17

はじめに

子どもたちに「生きる力」を保障するために

佛教大学教育学部教授，京都大学名誉教授　田中　耕治

　2017年3月に新しい学習指導要領が告示され，小学校では2020年度から，中学校では2021年度から全面実施される。また2019年1月には，中央教育審議会初等中等教育分科会教育課程部会より「児童生徒の学習評価の在り方について（報告）」が公表され，指導要録改訂の方針が示された。

　新しい学習指導要領では，「生きる力」を育成するために，「何を学ぶのか」に加えて「何ができるようになるか」「どのように学ぶか」が重視され，知識・技能の習得に加えて，子どもたちが自ら考え，判断して表現する力と主体的に学習に取り組む態度を身に付けさせることが求められている。

　各小学校では，来年度からの全面実施に向け，さまざまな準備をしていく必要があるが，子どもたちの学力を保障するためには，「目標」の設定と「目標に準拠した評価」が必須であるということに変わりはない。このことを今一度確認しておきたい。

（1）変わらない「目標に準拠した評価」の意義

　「目標に準拠した評価」では，子どもたちに身に付けてほしい学力内容を到達目標として示し，すべての子どもが目標に到達するように授業や教育課程のあり方を検討していく。そして「目標に準拠した評価」を行い，未到達な状況が生まれた場合には，教え方と学び方の両方に反省を加え，改善を行うことができる。まさしく「目標に準拠した評価」こそが，未来を生きる子どもたちに本物の「生きる力」を保障する確固たる方針である。

（2）新しい観点での評価規準の明確化と評価方法の工夫

　「目標に準拠した評価」を具体的に展開していくためには，到達目標にもとづく評価規準を明確にする必要がある。評価規準があいまいな場合には，子どもたちが到達目標に達したかどうかの判断が主観的なものになってしまう。したがって，評価規準を明確にすることは「目標に準拠した評価」の成否を決する大切な作業となる。

　2020年度からの新しい学習評価では，観点が「知識・技能」「思考・判断・表現」「主体的に学習に取り組む態度」の3観点に統一される。どの観点でも，到達目標の設定と評価規準の明確化に加え，子どもたちが評価規準をパスしたかどうかを評価する方法の工夫が必要となる。そのような評価方法は，子どもたちの学びの過程を映し出したり，子どもが評価活動に参加して，自己表現－自己評価できるものが望ましい。

　当然のことながら，それらの評価が「評価のための評価」となってはならない。そのためには，これまで以上に客観的な評価規準を設定することが不可欠となる。

　このたび上梓された本書が，「目標に準拠した評価」を実現するための有効な手引書になれば幸いである。

本書の 特長

○新学習指導要領の趣旨を踏まえ，教科書の単元ごとに到達目標と評価規準を，新しい3観点それぞれで設定。また，授業ごとの学習活動も簡潔に提示。新学習指導要領と新観点に沿った指導計画，授業計画の作成に役立ちます。

内容紹介

〔紙面はサンプルです〕

5年

教科書：p.219〜240　配当時数：6時間　配当月：3月

> **時数，配当月表示**

7 すぐれた表現に着目して読み，物語のみりょくをまとめよう

大造じいさんとガン

> **領域表示**
>
> **関連する道徳の内容項目**

| 主領域 | C読むこと |
| 関連する道徳の内容項目 | D生命の尊さ／自然愛護／感動，畏敬の念 |

到達目標

≫知識・技能
○文章を朗読することができる。
○思考に関わる語句の量を増やし語彙を豊かにしたり，語感や言葉の使い方に対する感覚を意識して，語や語句を使ったりすることができる。
○新しく習う漢字を正しく読んだり書いたりすることができる。

> **到達目標**
> 授業の目標が明確にわかり，授業計画のもとになります。

≫思考・判断・表現
○人物像や物語などの全体像を具体的に想像したり，表現の効果を考えたりすることができる。
○文章を読んでまとめた意見や感想を共有し，自分の考えを広げることができる。
○登場人物の相互関係や心情などについて，描写をもとに捉えることができる。
○文章を読んで理解したことに基づいて，自分の考えをまとめることができる。
○物語を読み，内容を説明したり，自分の生き方などについて考えたことを伝え合ったりする活動ができる。

≫主体的に学習に取り組む態度　※「主体的に学習に取り組む態度」は方向目標を示しています。
○叙述に沿って心情の移り変わりを追うとともに，友達と交流して思いや考えを広げる中で，情景描写に着目して心情を捉えようとする。

評価規準

≫知識・技能
○いちばん心に残った場面を，自分が感じたことが伝わるように朗読している。
○情景描写に着目し，その効果や描写によって表現されている心情について考え，その…
○新しく習う漢字を正しく読んだり書いたりしている。

● 対応する…

> **評価規準**
> 「知識・技能」「思考・判断・表現」児童が目標に達したかどうかをみとる際の規準です。授業中の様子や児童のノートを確認する際の参考にもなります。

≫思考・判断・表現
○「大造じいさん」の心情の移り変わりを読み取ることで物語の山場を捉え，「大造じい…化について読み取っている。
○物語を読んで考えたことを伝え合い，物語の魅力に対する自分の考えを広げている。
○行動や会話，情景描写などから，「大造じいさん」と「残雪」の関係や，「大造じい…
○物語の魅力について，優れた表現に着目しながら，自分の考えをまとめている。
○物語の魅力について説明したり，自分の生き方に照らして考えたことなどを伝え合…

● 対応する学習指導要領の項…

4

> **評価規準**
> 「主体的に学習に取り組む態度」
> この評価規準を参考に、「主体的に学習に取り組む態度」の評価を行うことができます。

》主体的に学習に取り組む態度
○優れた叙述に着目しながら、「大造じいさん」の心情の変化を読み取ろうとしている。
○物語を読んで感じたことや考えたことを交流し、自分の思いや考えを広げようとしている。

学習活動

小単元名	時数	学習活動	学習の過程
大造じいさんとガン①	1	○238ページ「学習」をもとに学習計画を立てる。 ・これまで読んだ物語を想起し、どのような魅力があったか話し合う。 ・219ページのリード文を読み、大造じいさんとガンの関係や、心情や場面の様子を表す表現に興味をもつ。 ・全文を読み、登場人物の関係や、心情や場面の様子を表す表現に着目して初発の感想を書き、交流する。	見通し 構造と内容の把握
大造じいさんとガン②	2	○人物の心情や関係の変化をもとに、物語の山場を捉える。 ・238ページ上段を読み、「山場」について理解する。 ・場面ごとに、「残雪」との関わりの中で「大造じいさん」の心情や両者の関係がどのように変化したかまとめる。 ・「大造じいさん」の「残雪」に対する見方が、何を通してどう変わったか考える。 ○情景描写を見つけ、その表現にどのような心情が表されているか考える。 ・情景描写がある場合とない場合を比べて、表現の効果を考える。	精査・解釈
大造じいさんとガン③	1	○心に残った場面を選び、自分の感じたことが表れるよう朗読する。 ・心に残った場面を選び、朗読の練習をする。 ・238・239ページ下段を参考に、朗読する時のポイントを押さえる。 ・朗読を聞き合い、感じたことを友達と伝え合う。	考えの形成
大造じいさんとガン④	1	○物語の魅力についてまとめる。 ・物語の中で、最も効果的だと感じる表現を選ぶ。 ・選んだ表現の効果と選んだ理由を中心に、物語の魅力についての考えをまとめる。 ・239ページ下段の例を参考にする。	考えの形成
大造じいさんとガン⑤	1	○まとめたものを読み合い、物語の魅力に対する自分の考えを広げる。 ・まとめたものを、友達と読み合う。 ・自分と友達の考えを比べながら読み、感じたことを伝え合う。	共有
		○239ページ「ふりかえろう」で単元の学びをふり返る。 ○240ページ「この本、読もう」を読み、他の本に読み広げる。	ふり返り

> **学習活動**
> 授業ごとの学習活動が明確になっているので、新教科書の授業で何をすればよいかがわかります。

新学習指導要領のポイント

Ⅰ　新学習指導要領の最大のポイント

　新学習指導要領では，全体を通して「何を学ぶか」に加えて「何ができるようになるか」が重視されています。身に付けた知識・技能を日常生活や学習場面で活用できる力を育てるということです。

　また，「なぜ学ぶのか」という学習の意義についても児童に確信を持たせることが必要とされています。それが主体的に学習に取り組む態度，学力につながり，最終的にはこれからの「予測が困難な時代」にも対応可能な「生きる力」を育てることになります。

Ⅱ　資質・能力の育成と主体的・対話的で深い学び

　「生きる力」に不可欠な資質・能力の柱として以下の三つが明記されました。
　1．知識及び技能
　2．思考力，判断力，表現力等
　3．学びに向かう力，人間性等

　これらの「資質・能力」を育成するために，「主体的・対話的で深い学び」に向けた授業改善が必要とされています。

　「主体的」とは児童が意欲をもって学習にあたること，「対話的」とは先生からの一方的な授業ではなく，自分の考えを発表し，ほかの児童の考えを聞いて自分の考えをより深めるなどの活動です。これらを通して，より深い学力，つまり生活の中で活用できる学力を身に付けるようにするということです。

Ⅲ　生活に生かす

　新学習指導要領には「日常生活」「生活に生かす」という言葉が多く出てきます。「なぜ学ぶのか」ということを児童が実感するためにも，学習内容と生活との関連を意識させ，学習への意欲をもつようにさせることが必要になります。「日常生活」や「生活に生かす」というキーワードを意識した授業が求められます。

Ⅳ　言語能力の育成

　「教科横断的な視点に立った資質・能力の育成」という項目の中で，学習の基盤となる資質・能力として「情報活用能力」「問題発見・解決能力等」とあわせて「言語能力」が重視されています。国語ではもちろん，他の教科でも言語能力を育成するということになります。

　各教科内容の理解のためにも，「対話的」な学びを行うためにも，言語能力は必要です。具体的には，自分の考えをほかの人にもわかるように伝えることができるか，ほかの人の意見を理解することができるかを評価し，もし不十分であれば，それを指導，改善していくという授業が考えられます。「言語能力の育成」を意

識して，児童への発問やヒントをどう工夫するか，ということも必要になります。

V　評価の観点

資質・能力の三つの柱に沿った以下の3観点とその内容で評価を行うことになります。

「知識・技能」	①個別の知識及び技能の習得
	②個別の知識及び技能を，既有の知識及び技能と関連付けたり活用する中で，概念等としての理解や技能の習得
「思考・判断・表現」	①知識及び技能を活用して課題を解決する等のために必要な思考力，判断力，表現力等
「主体的に学習に取り組む態度」	①知識及び技能を習得したり，思考力，表現力等を身に付けたりすることに向けた粘り強い取組
	②粘り強い取組の中での，自らの学習の調整

VI　カリキュラム・マネジメント

　3年と4年に「外国語活動」が，5年と6年には教科として「外国語」が導入され，それぞれ35単位時間増えて，3年と4年は35単位時間，5年と6年は70単位時間になります。また，「主体的・対話的な学び」を推進していくと，必要な授業時数が増えていくことも考えられます。

　このような時間を捻出するために，それぞれの学校で目標とする児童像を確認しながら，「総合的な学習の時間」を核として各教科を有機的につなげた教科横断的なカリキュラムを組むなどの方法が考えられます。このカリキュラムを目標達成の観点から点検，評価しつつ改善を重ねていくカリキュラム・マネジメントが必要になります。

VII　プログラミング学習

　小学校にプログラミング学習が導入されます。プログラミングそのものを学ぶのではなく，プログラミングの体験を通して論理的思考力を身に付けるための学習活動として位置づけられています。プログラミングそのものを学ぶのではありませんから，教師がプログラマーのような高度な知識や技術を持つ必要はありません。プログラミングの体験を通して，どのようにして児童の論理的思考力を育てていくかに注力することが必要です。

学習指導要領 国語改訂のポイント

(1)国語の教科目標と重視されたこと

新学習指導要領には，以下のように理科の教科目標がまとめられています。

> **国語の目標**
>
> 言葉による見方・考え方を働かせ，言語活動を通して，国語で正確に理解し適切に表現する資質・能力を次のとおり育成することを目指す。
> (1)日常生活に必要な国語について，その特質を理解し適切に使うことができるようにする。
> (2)日常生活における人との関わりの中で伝え合う力を高め，思考力や想像力を養う。
> (3)言葉がもつよさを認識するとともに，言語感覚を養い，国語の大切さを自覚し，国語を尊重してその能力の向上を図る態度を養う。

今回の学習指導要領改訂で学習内容の改善・充実のために重視した点として，学習指導要領解説で以下のことが挙げられています。

ア　語彙指導の改善・充実

語彙を豊かにする指導の改善・充実を図り，自分の語彙を量と質の両面から充実させること。具体的には，意味を理解している語句の数を増やすだけでなく，話や文章の中で使いこなせる語句を増やすとともに，語句の認識を深め，語彙の質を高めること。このことを踏まえ，各学年において，指導の重点となる語句のまとまりを示すとともに，語句への理解を深める指導事項を系統化した。

イ　情報の扱い方に関する指導の改善・充実

「情報の扱い方に関する事項」を新設し，「情報と情報の関係」と「情報の整理」の二つの系統に整理した。

ウ　学習過程の明確化，「考えの形成」の重視

全ての領域において，自分の考えを形成する学習過程を重視し，「考えの形成」に関する指導事項を位置付けた。

エ　我が国の言語文化に関する指導の改善・充実

「伝統的な言語文化」，「言葉の由来や変化」，「書写」，「読書」に関する指導事項を「我が国の言語文化に関する事項」として整理するとともに，第1学年及び第2学年の新しい内容として，言葉の豊かさに関する指導事項を追加するなど，その内容の改善を図った。

オ　漢字指導の改善・充実

都道府県名に用いる漢字20字を「学年別漢字配当表」の第4学年に加えるとともに，児童の学習負担に配慮し，第4学年，第5学年，第6学年の配当漢字及び字数の変更を行った。

(2)国語の内容と領域の構成

内容の構成は三つの柱にそって整理され、〔知識及び技能〕と〔思考力，判断力，表現力等〕の2項目で各学年の内容が示されています。

ア 〔知識及び技能〕の内容

(1)言葉の特徴や使い方に関する事項

「話し言葉と書き言葉」，「漢字」，「語彙」，「文や文章」，「言葉遣い」，「表現の技法」，「音読，朗読」に関する内容を整理し，系統的に提示。

(2)情報の扱い方に関する事項

アの「情報と情報との関係」，イの「情報の整理」の二つの内容で構成し，系統的に提示。

(3)我が国の言語文化に関する事項

「伝統的な言語文化」，「言葉の由来や変化」，「書写」，「読書」に関する内容を「我が国の言語文化に関する事項」として整理。

イ 〔思考力，判断力，表現力等〕の領域と内容

A　話すこと・聞くこと

学習過程に沿って，次のように構成。

①話題の設定，情報の収集，内容の検討

②構成の検討，考えの形成(話すこと)

③表現，共有(話すこと)

④構造と内容の把握，精査・解釈，考えの形成，共有（聞くこと）

⑤話合いの進め方の検討，考えの形成，共有（話し合うこと）

B　書くこと

学習過程に沿って，次のように構成。

①題材の設定，情報の収集，内容の検討　②構成の検討　③考えの形成，記述　④推敲　⑤共有

C　読むこと

学習過程に沿って，次のように構成。

①構造と内容の把握　②精査・解釈　③考えの形成　④共有

学習指導要領改訂の方向性

新しい時代に必要となる資質・能力の育成と，学習評価の充実

学びを人生や社会に生かそうとする
学びに向かう力，人間性等の涵養

生きて働く知識・技能の習得　　未知の状況にも対応できる **思考力・判断力・表現力等の育成**

何ができるようになるか

何を学ぶか	どのように学ぶか
新しい時代に必要となる資質・能力を踏まえた教科・科目等の新設や目標・内容の見直し	主体的・対話的で深い学び（「アクティブ・ラーニング」）の視点からの学習過程の改善
5年・6年での外国語教育の教科化 各教科等で育む資質・能力を明確化し，目標や内容を構造的に示す 学習内容の削減は行わない	生きて働く知識・技能の習得など，新しい時代に求められる資質・能力を育成 知識の量を削減せず，質の高い理解を図るための学習過程の質的改善

出典：文部科学省『新しい学習指導要領の考え方－中央教育審議会における議論から改訂そして実施へ－』より（一部改変）

指導要録改訂のポイント

Ⅰ　指導要録の主な変更点

①全教科同じ観点に

　「指導に関する記録」部分で，各教科の観点が全教科統一されました。

②評定の記入欄が，「各教科の学習の記録」部分へ

　これまで評定の記入欄は独立していましたが，「評定が観点別学習状況の評価を総括したものであることを示すため」に「各教科の学習の記録」部分へ移動しました。

③外国語（5・6年）が「各教科の学習の記録」部分に追加

④「外国語活動の記録」部分が，5・6年から3・4年に変更

⑤「総合所見及び指導上参考となる諸事項」の記入スペースが小さく

　教師の勤務負担軽減の観点から，「総合所見及び指導上参考となる諸事項」については，要点を箇条書きとするなど，その記載事項を必要最小限にとどめることになったためです。

　また，「通級による指導に関して記載すべき事項が当該指導計画に記載されている場合には，その写しを指導要録の様式に添付することをもって指導要録への記入に変えることも可能」となりました。

⑥条件を満たせば，指導要録の様式を通知表の様式と共通のものにすることが可能

　通知表の記載事項が，指導要録の「指導に関する記録」に記載する事項をすべて満たす場合には，設置者の判断により，指導要録の様式を通知表の様式と共通のものとすることが可能であるとなっています。

Ⅱ　新指導要録記入上の留意点

①教科横断的な視点で育成を目指すこととされた資質・能力の評価

　「言語能力」「情報活用能力」「問題発見・解決能力」などの教科横断的な視点で育成を目指すこととされた資質・能力の評価は，各教科等における観点別学習状況の評価に反映することになります。

②「特別の教科　道徳」の評価（これまでと変更なし）

　・数値による評価ではなく，記述式で行う

　・個々の内容項目ごとではなく，多くくりなまとまりを踏まえた評価を行う

　・他の児童との比較による評価ではなく，児童がいかに成長したかを積極的に受け止めて認め，励ます個人内評価とする　　など

③外国語活動（3・4年）の評価

　観点別に設けられていた文章記述欄が簡素化されました。評価の観点に即して，児童の学習状況に顕著な事項がその特徴を記入する等，児童にどのような力が身に付いたかを文章で端的に記述します。

Ⅲ 新小学校児童指導要録（参考様式）の「指導に関する記録」部分

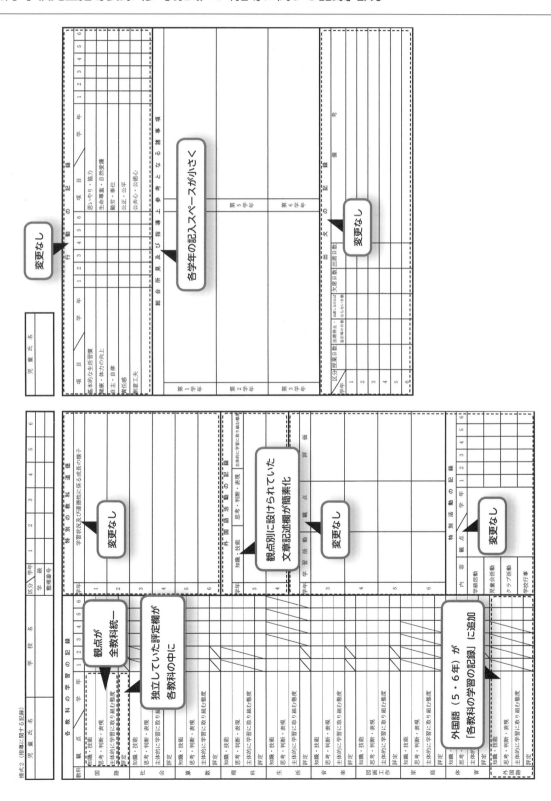

各教科の評価の観点と領域

Ⅰ　2020年度からの評価の観点

　新学習指導要領では，すべての教科等で教育目標や内容が資質・能力の三つの柱「知識及び技能」「思考力，判断力，表現力等」「学びに向かう力，人間性等」に沿って再整理されました。

　この教育目標や内容の再整理を踏まえて，観点別評価については，すべての教科で「知識・技能」「思考・判断・表現」「主体的に学習に取り組む態度」の3観点で行うことになります。

Ⅱ　各観点で評価する内容

①知識・技能
- 知識及び技能の習得状況
- 習得した知識及び技能を既有の知識及び技能と関連付けたり活用したりする中で，他の学習や生活の場面でも活用できる程度に概念等を理解したり，技能を習得したりしているかどうか

②思考・判断・表現
- 知識及び技能を活用して課題を解決する等のために必要な思考力，判断力，判断力等を身に付けているかどうか

③主体的に学習に取り組む態度
- 知識及び技能を獲得したり，思考力・判断力，表現力等を身に付けたりするために，自らの学習状況を調整しながら，学ぼうとしているかどうかという意志的な側面

Ⅲ　各観点での評価の方法

①知識・技能
- 知識や技能の習得だけを評価するのではなく，概念的な理解ができているかという視点でも評価を行います。

②思考・判断・表現
- ペーパーテストだけではなく，論述やレポートの作成，発表，グループや学級における話し合い，作品の制作や表現等の多様な活動の中での評価，それらを集めたポートフォリオを活用したりするなどの評価方法を工夫する必要があります。

③主体的に学習に取り組む態度
- ノートの記述，授業中の発言や行動，児童による自己評価や相互評価等を，評価の際に考慮する材料の一つとして用いることが考えられます。その際，児童の発達の段階や一人一人の個性を十分に考慮しながら，「知識・技能」や「思考・判断・表現」の観点の状況も踏まえた上で，評価を行う必要があります。

Ⅳ　学習指導要領における内容の表示

　国語と外国語は，観点別，領域別に内容を表示し，算数と理科は領域別に，社会については観点別，領域別に分けず，単純に学年別に内容を表示しています。これらの違いは教科性によるものです。これは，資質・能力の育成を目指して「目標に準拠した評価」をさらに進めるためでもあります。

Ⅴ　各教科の観点と領域

観点

教科	〜2019年度	2020年度〜
国語	国語への関心・意欲・態度	知識・技能
	話す・聞く能力	思考・判断・表現
	書く能力	主体的に学習に取り組む態度
	読む能力	
	言語についての知識・理解・技能	
算数	算数への関心・意欲・態度	知識・技能
	数学的な考え方	思考・判断・表現
	数量や図形についての技能	主体的に学習に取り組む態度
	数量や図形についての知識・理解	
理科	自然事象への関心・意欲・態度	知識・技能
	科学的な思考・表現	思考・判断・表現
	観察・実験の技能	主体的に学習に取り組む態度
	自然事象についての知識・理解	
社会	社会的事象への関心・意欲・態度	知識・技能
	社会的な思考・判断・表現	思考・判断・表現
	観察・資料活用の技能	主体的に学習に取り組む態度
	社会的事象についての知識・理解	
外国語（英語）		知識・技能
		思考・判断・表現
		主体的に学習に取り組む態度

領域

教科	〜2019年度	2020年度〜
国語	A　話すこと・聞くこと	A　話すこと・聞くこと
	B　書くこと	B　書くこと
	C　読むこと	C　読むこと
	伝統的な言語文化と国語の特質に関する事項	
算数	A　数と計算	A　数と計算
	B　量と測定	B　図形
	C　図形	C　測定（1〜3年）／変化と関係（4〜6年）
	D　数量関係	D　データの活用
理科	A　物資・エネルギー	A　物質・エネルギー
	B　生命・地球	B　生命・地球
社会		
外国語（英語）		聞くこと
		読むこと
		話すこと（やり取り）
		話すこと（発表）
		書くこと

単元一覧表　学図4年

3学期制	2学期制	月	単元名
1学期	前期	4	春のうた
			言葉でつながる みんなで遊ぼう
			1　イメージをふくらませて読もう 白いぼうし
			みんなに伝えよう 見つけたよ，友達の良いところ
			言葉のいずみ1　漢字辞典の使い方
			きせつのたより（春）
		5	調べよう　まとめよう 「百科事典」を使って，調べることを決めよう
			2　説明のしかたを考えながら読もう アメンボはにん者か
			漢字の広場
			言葉をつないで文を作ろう1
			文章の書き方・まとめ方 新聞を知ろう，作ろう
			言葉を聞き取ろう メモを取りながら聞こう
			3　ほうこくしたいことを新聞にまとめて書こう 見学したことを新聞にまとめよう
		6	言葉をおくろう お礼状を書こう
			季節のたより（夏）
			4　表にしてくらべながら読もう 手で食べる，はしで食べる
			調べたことを書こう 文化のちがいを調べよう
		7	「根きょ」と「理由」を区べつしよう 自分の意見を組み立てて説明しよう
			言葉を受け止めよう 言葉のいろいろな表情
			言葉をつないで文を作ろう2
			読書に親しもう 物語のみ力をしょうかいしよう
2学期		9	詩を味わおう かぼちゃのつるが ふしぎ
			みんなに伝えよう こんなに成長したよ
			言葉のきまり1　接続語
			言葉のいずみ2　漢字のいろいろな読み方・送りがな
			文章の書き方・まとめ方 文章のまとまりと分かりやすさ
			言葉のひびきやリズムを楽しもう 短歌
			5　問題解決のために話し合おう 安全マップを作って話し合おう
			言葉をつないで文を作ろう3
		10	水平線
			言葉から想像しよう 組み合わせた言葉のイメージを楽しもう
			1　二つの文章をくらべて読もう 空飛ぶふろしき　ムササビ ムササビがくらす森
			季節のたより（秋）
			昔から言い伝えられてきた言葉にふれよう ことわざ・故事成語
	後期	11	対話して読む：筆者の視点を追って読もう 「落ち葉」ではなく「落ちえだ」
			2　効果的に伝わるように書こう クラブのしょうかいチラシを作ろう 身の回りのメディアを研究しよう
			言葉のいずみ1　熟語の組み合わせと読み方
			ゆたかに表現しよう 心に残っていること
		12	漢字の広場1
			言葉をつないで文を作ろう1
			3　人物の関係と気持ちの変化を読もう ごんぎつね
			日本各地の短歌
			読書を広げよう 生活の中に生きている読書 読書の部屋
3学期		1	季節のたより（冬）
			4　資料を作って発表しよう ドリームツリーを作ろう
			5　自分の考えを深めるために読もう さわっておどろく
			言葉をつないで文を作ろう2
		2	考えたものを文章に書こう こんなアイデア，どうかな
			言葉のきまり1　形の変わる言葉
			言葉のいずみ2　類義語
			想像を広げよう これであなたも作家になれる
		3	6　表現に着目して読もう 世界でいちばんやかましい音
			みんなに伝えよう 感謝の気持ちを話そう
			漢字の広場2
			言葉をつないで文を作ろう3
			これからのあなたへ ぼくが　ここに
			四年生をふり返って

学図 5年

3学期制	2学期制	月	単元名
1学期	前期	4	今日からはじまる
			言葉でつながる しょうかいします，わたしの友達
			1　人物の関係を読もう みちくさ
			自分だけのノートを作ろう
			季節のたより（春）
			言葉のきまり1　文の構造
			言葉のいずみ1　和語・漢語・外来語
			言葉をつないで文を作ろう1
		5	調べよう　まとめよう 「年鑑」を使って調べよう
			2　要旨をとらえて読もう 東京スカイツリーのひみつ
			言葉をおくろう 手紙の書き方
		6	3　インタビューをしよう 働く人にインタビュー
			言葉のいずみ2　複合語
			原因と結果の関係を見いだそう さまざまな情報を結び付けて考えよう
			言葉をつないで文を作ろう2
			季節のたより（夏）
			言葉のきまり2　敬語
		7	想像を広げよう 人物を生き生きとえがき出そう
			漢字の広場1
			読書に親しもう 物語の人物が答えます 注文の多い料理店 読書の部屋
2学期		9	詩を味わおう レモン し
			漢字の広場2
			言葉をつないで文を作ろう3
			4　自分の意見をもって読もう わたしたちとメディア インターネット・コミュニケーション
			言葉の文化を体験しよう 宇治拾遺物語
			言葉を受け止めよう 親しみを表現しよう
			言葉のいずみ3　方言と共通語
		10	紙風船
			言葉から想像しよう 「入れかえ文」を作って楽しもう
			1　報道文を読み，考えを深めよう 新聞の情報を読み取ろう
			季節のたより（秋）
			文章の書き方・まとめ方 文章の構成を知ろう
		11	2　意見文を書こう どう考える？　この投書
			3　自分の考えを提案しよう 学校を百倍すてきにしよう
			漢字の広場1
			言葉をつないで文を作ろう1
		12	4　生き方を読もう 勇気の花がひらくとき―やなせたかしとアンパンマンの物語―
	後期		豊かに表現しよう 俳句・短歌を作ろう
			言葉のきまり1　動作の状態や意味をくわしくする言葉
			読書を広げよう　なぜ本を読むのか
3学期		1	季節のたより（冬）
			5　論の進め方に着目して読もう 「一本」から見える数え方の世界
			調べて書こう 言葉について調べよう
		2	対話して読む：物語の読み方を広げよう ゆず
			言葉をつないで文を作ろう2
			言葉の文化を体験しよう 文語詩　やしの実
			言葉のいずみ1　漢字の音読みと訓読み
			6　描写を手がかりに読もう 大造じいさんとがん
		3	7　テーマを決めて討論しよう より良い考え方はどっち？
			言葉のいずみ2　日本語の文字の歴史
			漢字の広場2
			言葉をつないで文を作ろう3
			これからのあなたへ 小さな質問
			五年生をふり返って

学図 6年

3学期制	2学期制	月	単元名
1学期	前期	4	出発
			言葉でつながる
			プラス思考でアドバイス
			1　変化の要因をとらえて読もう
			誓約書
			言葉のきまり1　前後のつながりを示す言葉
		5	季節のたより（春）
			言葉の泉1　漢字の成り立ち
			言葉をつないで文を作ろう1
			言葉を受け止めよう
			話し合ってまとめよう
			2　視野を広げて読もう
			AIで言葉と向き合う
			AI（人工知能）と私たちの未来
		6	文章の書き方・まとめ方
			さまざまな表現の工夫
			漢字の広場1
			3　立場を決めて討論しよう
			パネルディスカッションをしよう
		7	季節のたより（夏）
			類推しよう
			経験や知識をもとに導き出そう
			言葉をおくろう
			電子メールで質問しよう
			言葉をつないで文を作ろう2
			読書に親しもう
			絵を見て語り合おう
			フリードルとテレジンの小さな画家たち
			読書の部屋
2学期		9	詩を味わおう
			名づけられた葉
			きのうより一回だけ多く
			文章の書き方・まとめ方
			文章構成の効果を考える
			言葉のきまり2　文末の表現
			4　物語の全体像を読もう
			きつねの窓
			漢字の広場2
		10	言葉をつないで文を作ろう3
			言葉の泉2　言葉づかいのちがい
			土
			言葉から想像しよう
			イメージを短い詩にしよう
			1　筆者の提案を読み，意見文を書こう
			「本物の森」で未来を守る
			季節のたより（秋）
	後期	11	言葉の文化を体験しよう
			狂言　盆山／漢詩
			漢字の広場1
			言葉をつないで文を作ろう1
			豊かに表現しよう
			「連詩」を発見する
			心と言葉でつながろう
			対話して読む：物語を通して自分を見つめよう
			服を着たゾウ
		12	言葉をつないで文を作ろう2
			言葉の泉1　熟語の構成
			2　スピーチをしよう
			すいせんします，この委員会活動
			漢字の広場2
			読書を広げよう
			本は心の道しるべ
			読書の部屋
3学期		1	季節のたより（冬）
			3　今の気持ちを書き残そう
			自分を見つめてみよう
			4　考えを共有するために読もう
		2	国境なき大陸　南極
			言葉のきまり1　意味をそえる言葉
			5　提案する文章を書いて伝えよう
			日本の魅力，再発見
			言葉の泉2　言葉は変わる
		3	6　自分と重ねて読もう
			その日，ぼくが考えたこと
			言葉をつないで文を作ろう3
			言葉で遊ぼう
			これからのあなたへ
			支度
			六年生をふり返って

小学校 教科書単元別

到達目標と評価規準

国語
学 4-6年

| 4年 | 学図 | | 教科書【上】：p.1〜1　配当時数：1時間　配当月：4月 |

春のうた

主領域　C読むこと

関連する道徳の内容項目　D感動，畏敬の念

到達目標

≫知識・技能
○言葉には，考えたことや思ったことを表す働きがあることに気づくことができる。
○詩の全体の構成や内容の大体を意識しながら音読することができる。

≫思考・判断・表現
○詩の情景について具体的に想像することができる。

≫主体的に学習に取り組む態度　※「主体的に学習に取り組む態度」は方向目標を示しています。
○詩に描かれた心情や情景を思いうかべながら音読しようとする。

評価規準

≫知識・技能
○「春のうた」を読んで，考えたことや思ったことを表す言葉に気づいている。
○詩の内容の大体を意識しながら音読している。

　　　　　　　　　　　　　　　　　　　　　　　●対応する学習指導要領の項目：(1) ア，ク

≫思考・判断・表現
○言葉のリズムをとらえ，詩に描かれた人物の心情や情景を思いうかべながら音読している。

　　　　　　　　　　　　　　　　　　　　　　　●対応する学習指導要領の項目：C (1) エ

≫主体的に学習に取り組む態度
○「春のうた」に描かれた心情や情景を思いうかべながら音読している。

学習活動

小単元名	時数	学習活動	学習の過程
春のうた	1	○様子を表す言葉や思ったことを表す言葉から受ける感じから，「春のうた」についての感想をもつ。	精査・解釈
		○どんな工夫をして音読するか考え，音読する。	考えの形成　共有

| 4年 | 学図 |

教科書【上】：p.14〜15　配当時数：2時間　配当月：4月

言葉でつながる

みんなで遊ぼう

| 主領域 | A話すこと・聞くこと |
| 関連する道徳の内容項目 | B友情，信頼／相互理解，寛容　Cよりよい学校生活，集団生活の充実 |

到達目標

≫知識・技能
○言葉には，考えたことや思ったことを表す働きがあることに気づくことができる。
○相手を見て話したり聞いたりすることができる。

≫思考・判断・表現
○互いの共通点や相違点に着目して，考えをまとめることができる。

≫主体的に学習に取り組む態度　※「主体的に学習に取り組む態度」は方向目標を示しています。
○友達と知っている遊びを教え合い，一緒に遊ぼうとする。

評価規準

≫知識・技能
○ペアになって，知っている遊びについて考えたことや思ったことを話し合っている。
○相手を見て話したり聞いたりしている。
　　　　　　　　　　　　　　　　　　　　　　　　　　　　　　対応する学習指導要領の項目：(1) ア，イ

≫思考・判断・表現
○絵を見て，知っている遊びの遊び方を，友達にわかりやすいように教えている。
　　　　　　　　　　　　　　　　　　　　　　　　　　　　　　対応する学習指導要領の項目：A (1) オ

≫主体的に学習に取り組む態度
○ペアになって，教科書の絵の中で知っている遊びを教え合い，一緒に遊ぼうとしている。

学習活動

小単元名	時数	学習活動	学習の過程
みんなで遊ぼう	2	○教科書に描かれている5つの遊びの遊び方を教え合う。	話題の設定　表現
		○クラス全員でしてみたい遊びを決めて，みんなで遊んで楽しむ。	考えの形成　共有

| 4年 学図 | 教科書【上】：p.16〜25　配当時数：7時間　配当月：4月 |

1 イメージをふくらませて読もう
白いぼうし

主領域　C読むこと

関連する道徳の内容項目　B親切，思いやり　D自然愛護

到達目標

≫知識・技能
○言葉には，考えたことや思ったことを表す働きがあることに気づくことができる。
○文章全体の構成や内容の大体を意識しながら音読することができる。
○新しく習う漢字を正しく読んだり書いたりすることができる。

≫思考・判断・表現
○登場人物の行動や気持ちなどについて，叙述をもとに捉えることができる。
○登場人物の気持ちの変化や性格，情景について，場面の移り変わりと結び付けて具体的に想像することができる。
○物語を読んで感じたことや考えたことを共有し，一人一人の感じ方などに違いがあることに気づくことができる。
○物語を読み，内容を説明したり考えたことなどを伝え合ったりする活動ができる。

≫主体的に学習に取り組む態度　※「主体的に学習に取り組む態度」は方向目標を示しています。
○物語の叙述をもとにイメージをふくらませながら読み，そのイメージを生かして音読しようとする。

評価規準

≫知識・技能
○「白いぼうし」を読んで，考えたことや思ったことを表す言葉を見つけている。
○松井さんの言葉や様子，行動などに気をつけて音読している。
○新しく習う漢字を正しく読んだり書いたりしている。

●対応する学習指導要領の項目：(1) ア，エ，ク

≫思考・判断・表現
○場面ごとの松井さんの行動や気持ちについて，叙述をもとに捉えている。
○松井さんの気持ちの変化や情景について，場面の移り変わりと結び付けて具体的に想像している。
○「白いぼうし」を読んで友達と感想を交流し，感じ方に違いがあることに気づいている。
○「白いぼうし」を読んで，物語の内容を説明したり感想を伝え合ったりしている。

●対応する学習指導要領の項目：C (1) イ，エ，カ　(2) イ

≫主体的に学習に取り組む態度
○物語の中に出てきた，色やにおい，声など感覚に関わる言葉から物語全体のイメージをつかみ，そのイメージを生かして音読しようとしている。

学習活動

小単元名	時数	学習活動	学習の過程
白いぼうし①	1	○24・25ページ「学習のてびき」を読み,学習のめあてを確かめる。	見通し
		○全体を通して読み,4つの場面に分かれていることを確かめる。	構造と内容の把握
白いぼうし②	4	○松井さんの言葉や行動・様子に注意して,場面ごとに詳しく読む。 ・物語の設定部分の,松井さんと客の紳士との会話を読む。 ・白いぼうしを見つけた後の松井さんの様子や行動を読む。 ・タクシーに座っていた女の子と松井さんの様子を読む。 ・踊るように飛んでいるちょうの様子と松井さんの心情を考える。	精査・解釈 考えの形成
		・場面ごとに,松井さんの行動・様子を整理してまとめる。	構造と内容の把握 考えの形成
白いぼうし③	2	○人間の「感覚」に関係する表現を探して,そこからイメージすることについて話し合う。 ○物語からイメージしたことが表れるように,松井さんになったつもりで音読の工夫を考え,音読する。	考えの形成　共有

4年　学図　　　　　　　　　　　　　　教科書【上】：p.26〜27　配当時数：2時間　配当月：4月

みんなに伝えよう
見つけたよ，友達の良いところ

主領域　A話すこと・聞くこと

到達目標

知識・技能
○相手を見て話したり聞いたりするとともに，言葉の抑揚や強弱，間の取り方などに注意して話すことができる。
○丁寧な言葉を使って話すことができる。
○新しく習う漢字を正しく読んだり書いたりすることができる。

思考・判断・表現
○目的を意識して，普段の生活の中から題材を見つけ，伝え合うために必要な事柄を選ぶことができる。
○話の中心や話す場面を意識して，言葉の抑揚や強弱，間の取り方などを工夫することができる。
○相手が伝えたいことの中心を捉え，自分の考えをもつことができる。

主体的に学習に取り組む態度　※「主体的に学習に取り組む態度」は方向目標を示しています。
○友達の良いところを，聞き手の反応を見ながら，身振りをつけて話そうとする。

評価規準

知識・技能
○相手を見て話したり聞いたりするとともに，言葉の抑揚や強弱，間の取り方などに注意して話している。
○丁寧な言葉を使って話している。
○新しく習う漢字を正しく読んだり書いたりしている。
　　　　　　　　　　　　　　　　　　　　　　　　　●対応する学習指導要領の項目：(1) イ，エ，キ

思考・判断・表現
○友達の良いところを話すために，出来事や理由を見つけている。
○友達の良いところがよく伝わるように，抑揚や強弱，間の取り方などに注意して話している。
○相手が伝えたいことの中心に気をつけて聞いたり，感想を伝えたりしている。
　　　　　　　　　　　　　　　　　　　　　　　　　●対応する学習指導要領の項目：A (1) ア，ウ，エ

主体的に学習に取り組む態度
○友達の良いところを，聞き手の反応を見ながら，身振りをつけて話している。

学習活動

小単元名	時数	学習活動	学習の過程
見つけたよ，友達の良いところ	2	○友達の良いところを見つけて，教科書の例文を参考に話す。	考えの形成　表現
		○感想や質問を伝え合う。	表現　共有

4年　学図　　　教科書【上】：p.28〜31　配当時数：3時間　配当月：4月

言葉のいずみ1

漢字辞典の使い方

到達目標

≫ 知識・技能
○辞書や辞典の使い方を理解し使うことができる。
○漢字が，へんやつくりなどから構成されていることについて理解することができる。
○新しく習う漢字を正しく読んだり書いたりすることができる。

≫ 主体的に学習に取り組む態度　※「主体的に学習に取り組む態度」は方向目標を示しています。
○漢字辞典の利用や漢字の部首に関心をもち，漢字辞典で調べようとする。

評価規準

≫ 知識・技能
○漢字辞典を利用して調べる方法を理解し，漢字の意味・使い方や部首などを漢字辞典で調べている。
○漢字が，へんやつくりなどから構成されていることを理解している。
○新しく習う漢字を正しく読んだり書いたりしている。

対応する学習指導要領の項目：(1) エ　(2) イ　(3) ウ

≫ 主体的に学習に取り組む態度
○漢字辞典の利用や漢字の部首に関心をもち，漢字辞典で調べようとしている。

学習活動

小単元名	時数	学習活動	学習の過程
漢字辞典の使い方	3	○漢字辞典のつくりを理解する。 ○漢字辞典の引き方を理解する。 ・実際に「部首索引」「音訓索引」「総画索引」を使ってみる。 ○31ページ下段の設問に取り組み，漢字の読み方や部首，画数を漢字辞典で調べる。	

4年　学図　　　　　　　　　　　　　　　教科書【上】：p.32〜33　配当時数：1時間　配当月：4月

きせつのたより
春

到達目標

≫知識・技能
○言葉には性質や役割による語句のまとまりがあることを理解し，語彙を豊かにすることができる。
○易しい文語調の俳句を音読するなどして，言葉の響きやリズムに親しむことができる。

≫主体的に学習に取り組む態度　※「主体的に学習に取り組む態度」は方向目標を示しています。
○季節に対するものの見方や感じ方に注意して，春を感じる言葉について考えようとする。

評価規準

≫知識・技能
○教科書の写真や俳句から春を感じる語句を探し，文章の中で使うとともに語彙を豊かにしている。
○小林一茶，高浜虚子の俳句を音読し，言葉の響きやリズムに親しんでいる。

●対応する学習指導要領の項目：(1) オ　(3) ア

≫主体的に学習に取り組む態度
○季節に対するものの見方や感じ方に注意して，春を感じた経験を詩に表そうとしている。

学習活動

小単元名	時数	学習活動	学習の過程
春	1	○32・33ページの言葉にまつわる体験を思い出す。 ○教科書の言葉のほかにも春に関わる言葉を出し合い，詩を書き，紹介し合う。	

| 4年 | 学図 | 教科書【上】：p.34〜35　配当時数：3時間　配当月：4月 |

調べよう　まとめよう
「百科事典」を使って，調べることを決めよう

主領域　C読むこと

到達目標

≫知識・技能
○百科事典の使い方を理解し使うことができる。
○幅広く読書に親しみ，読書が，必要な知識や情報を得ることに役に立つことに気づくことができる。
○新しく習う漢字を正しく読んだり書いたりすることができる。

≫思考・判断・表現
○中心となる語や文を見つけて要約することができる。
○百科事典などから情報を得て，わかったことなどをまとめて説明する活動ができる。

≫主体的に学習に取り組む態度　※「主体的に学習に取り組む態度」は方向目標を示しています。
○百科事典の使い方を知り，テーマを決めて百科事典を活用しようとする。

評価規準

≫知識・技能
○百科事典を利用して調べる方法を理解し，テーマを絞って百科事典で調べている。
○百科事典を利用することによって，知識や情報が得られることに気づいている。
○新しく習う漢字を正しく読んだり書いたりしている。

　　　　　　　　　　　　　　　　　　　　　　　対応する学習指導要領の項目：(1) エ　(2) イ　(3) オ

≫思考・判断・表現
○百科事典に書かれた文章から，必要な語句を見つけて要約している。
○テーマを絞って百科事典で調べ，得た情報をまとめて説明している。

　　　　　　　　　　　　　　　　　　　　　　　対応する学習指導要領の項目：C (1) ウ　(2) ウ

≫主体的に学習に取り組む態度
○百科事典の使い方を知り，テーマを決めて百科事典を活用している。

学習活動

小単元名	時数	学習活動	学習の過程
「百科事典」を使って，調べることを決めよう	3	○百科事典で大きなテーマを引き，解説の中から興味をもった言葉について調べる。	精査・解釈
		○テーマについてインターネットや他の資料を使って調べ，レポートにまとめる。	精査・解釈 考えの形成
		○調べたことを報告し合い，感想や質問を伝え合う。	共有

| 4年 | 学図 | | 教科書【上】：p.36〜45　配当時数：6時間　配当月：5月 |

2 説明のしかたを考えながら読もう
アメンボはにん者か

主領域　C読むこと

関連する道徳の内容項目　D自然愛護

到達目標

≫知識・技能
○言葉には，考えたことや思ったことを表す働きがあることに気づくことができる。
○段落の役割について理解することができる。
○考えとそれを支える理由や事例，全体と中心など情報と情報との関係について理解することができる。
○比較や分類の仕方，必要な語句の書き留め方などを理解することができる。
○新しく習う漢字を正しく読んだり書いたりすることができる。

≫思考・判断・表現
○段落相互の関係に着目しながら，考えとそれを支える理由や事例との関係などについて，叙述をもとに捉えることができる。
○中心となる語や文を見つけて要約することができる。
○文章を読んで考えたことを共有し，一人一人の感じ方などに違いがあることに気づくことができる。
○記録や報告などの文章を読み，文章の一部を引用して，わかったことや考えたことを説明したり意見を述べたりする活動ができる。

≫主体的に学習に取り組む態度　※「主体的に学習に取り組む態度」は方向目標を示しています。
○科学的な説明文を読み，段落の要点や段落と段落の関係をつかんで，筆者が伝えたいことを捉えようとする。

評価規準

≫知識・技能
○「アメンボはにん者か」を読んで，筆者の考えを表す言葉を見つけている。
○段落ごとの要点をまとめ，文章全体を要約している。
○筆者の考えとそれを支える事例との関係を確かめている。
○要点をまとめるのに必要な語句を書き留めている。
○新しく習う漢字を正しく読んだり書いたりしている。

　　　　　　　　　　　　　　　　　　　　　　　●対応する学習指導要領の項目：(1) ア，エ，カ　(2) ア，イ

≫思考・判断・表現
○段落の要点と段落相互の関係をとらえながら，筆者の主張とそれを支える事例をとらえている。
○中心となる語や文を見つけて要約している。
○「アメンボはにん者か」を読んで友達と感想を交流し，感じ方に違いがあることに気づいている。
○この文章を読んでわかったことや考えたことなどを，文章の一部を要約するなどして説明している。

　　　　　　　　　　　　　　　　　　　　　　　●対応する学習指導要領の項目：C (1) ア，ウ，カ　(2) ア

≫主体的に学習に取り組む態度

○科学的な説明文を読み，段落の要点や段落と段落の関係をつかんで，筆者が伝えたいことを捉えようとしている。

学習活動

小単元名	時数	学習活動	学習の過程
アメンボはにん者か①	1	○44・45ページ「学習のてびき」を読み，学習のめあてを確かめる。	見通し
		○全文を通して読み，文章全体を「はじめ・中・終わり」に分ける。	構造と内容の把握
アメンボはにん者か②	3	○「問い」と「答え」の関係に注意して要点をとらえ，筆者の主張を読み取る。 ・アメンボについての話題提示を読む。 ・「問い」と「答え」の関係に注意して，段落ごとの要点を読み取る。 ・筆者の主張を読み取る。	精査・解釈
アメンボはにん者か③	2	○詳しく読んだことをもとにして，「はじめ・中・終わり」のまとまりの，段落ごとの要点を整理する。	構造と内容の把握　考えの形成
		○題名について考えたことを紹介し合う。	考えの形成　共有

| 4年 | 学図 | 教科書【上】：p.46〜46　配当時数：1時間　配当月：5月 |

漢字の広場

四年生で学ぶ漢字

到達目標

>> **知識・技能**
○新しく習う漢字を正しく読んだり書いたりすることができる。

>> **主体的に学習に取り組む態度**　※「主体的に学習に取り組む態度」は方向目標を示しています。
○46ページに出てくる新出漢字を声に出して読んだりノートに書き写したりしようとする。

評価規準

>> **知識・技能**
○新しく習う漢字を正しく読んだり書いたりしている。
　　　　　　　　　　　　　　　　　　　　　　　　　　　　　　　●対応する学習指導要領の項目：(1) エ

>> **主体的に学習に取り組む態度**
○46ページに出てくる新出漢字を，声に出して読んだりノートに書き写したりしている。

学習活動

小単元名	時数	学習活動	学習の過程
四年生で学ぶ漢字	1	○46ページに出てくる新出漢字を読み書きする。	

4年　学図　　　　　　　　　　　　　教科書【上】：p.47〜47　配当時数：1時間　配当月：5月

言葉をつないで文を作ろう1

3年生で習った漢字①

主領域　B書くこと

到達目標

≫知識・技能
○第3学年までに配当されている漢字を，文や文章の中で使うことができる。

≫思考・判断・表現
○絵や目的に合った漢字を使って文を書いたり，間違いを正したりすることができる。

≫主体的に学習に取り組む態度　※「主体的に学習に取り組む態度」は方向目標を示しています。
○47ページの言葉を使って，絵に合った文を書こうとする。

評価規準

≫知識・技能
○3年生で学習した漢字を使って文や文章を作っている。
　　　　　　　　　　　　　　　　　　　　　　　　●対応する学習指導要領の項目：(1) エ

≫思考・判断・表現
○絵や目的に合った漢字を使って文を書いたり，間違いを正したりしている。
　　　　　　　　　　　　　　　　　　　　　　　　●対応する学習指導要領の項目：B (1) エ

≫主体的に学習に取り組む態度
○47ページの言葉を使って，学校生活の様子を表す文を書いている。

学習活動

小単元名	時数	学習活動	学習の過程
3年生で習った漢字①	1	○47ページにある言葉を使って，学校生活の様子を表す文を作る。 ・間違いがないか確かめる。	推敲

| 4年 | 学図 |

教科書【上】：p.48〜51　配当時数：4時間　配当月：5月

文章の書き方・まとめ方

新聞を知ろう，作ろう

主領域　B書くこと

到達目標

》知識・技能
○言葉には考えたことや思ったことを表す働きがあることに気づくことができる。
○新しく習う漢字を正しく読んだり書いたりすることができる。

》思考・判断・表現
○調べたことなどから書くことを選び，集めた材料を比較したり分類したりして，伝えたいことを明確にすることができる。
○書く内容の中心を明確にし，内容のまとまりで段落を作るなどして文章の構成を考えることができる。
○調べたことをまとめて報告するなど，事実やそれをもとに考えたことを書く活動ができる。

》主体的に学習に取り組む態度　※「主体的に学習に取り組む態度」は方向目標を示しています。
○身近なことを調べ，読む人にわかりやすい新聞を書こうとする。

評価規準

》知識・技能
○考えたことや思ったことを表す言葉を使っている。
○新しく習う漢字を正しく読んだり書いたりしている。
　　　　　　　　　　　　　　　　　　　　　　　●対応する学習指導要領の項目：(1) ア，エ

》思考・判断・表現
○身近なことからみんなにしらせたいことを調べ，伝えたいことが明確になるよう，材料を選んでいる。
○伝えたいことの中心をはっきりさせ，内容ごとに見出しを付けるなどして段落を作り新聞の構成を考えている。
○調べてわかったことや考えたことなどを新聞にまとめて報告している。
　　　　　　　　　　　　　　　　　　　　　　　●対応する学習指導要領の項目：B (1) ア，イ　(2) ア

》主体的に学習に取り組む態度
○身近なことについて，割り付けや表現を工夫してわかりやすく新聞にまとめている。

学習活動

小単元名	時数	学習活動	学習の過程
新聞を知ろう，作ろう①	2	○49ページの新聞から，伝えたいことがわかりやすく読みやすい工夫を見つけ出す。 ・記事の書き方や写真の載せ方，見出しの工夫に着目する。	内容の検討 構成の検討

新聞を知ろう, 作ろう②	2	○新聞を書くために, 身近な出来事から題材を選ぶ。	情報の収集　記述
		○記事の書き方や見出しを工夫して新聞を書く。	記述　共有

| 4年 | 学図 | 教科書【上】：p.52～53　配当時数：2時間　配当月：5月 |

言葉を聞き取ろう

メモを取りながら聞こう

主領域　A話すこと・聞くこと

到達目標

≫知識・技能
○相手を見て話したり聞いたりすることができる。
○新しく習う漢字を正しく読んだり書いたりすることができる。

≫思考・判断・表現
○必要なことを記録したり質問したりしながら聞き，話し手が伝えたいことの中心をとらえることができる。

≫主体的に学習に取り組む態度　※「主体的に学習に取り組む態度」は方向目標を示しています。
○メモを取りながら話を聞き，大事なことを落とさないようにする。

評価規準

≫知識・技能
○相手を見て話したり聞いたりしている。
○新しく習う漢字を正しく読んだり書いたりしている。
　　　　　　　　　　　　　　　　　　　　　　　　　　──● 対応する学習指導要領の項目：(1) イ，エ

≫思考・判断・表現
○必要なことをメモしながら聞き，話し手が伝えたいことの中心をとらえている。
　　　　　　　　　　　　　　　　　　　　　　　　　　──● 対応する学習指導要領の項目：A (1) エ

≫主体的に学習に取り組む態度
○教師や友達の話をメモを取りながら聞き，大事なことを落とさないようにする。

学習活動

小単元名	時数	学習活動	学習の過程
メモを取りながら聞こう	2	○教科書の例文をもとに教師の話を聞き，メモの取り方を理解する。 ・53ページの3人のメモの取り方を比べて，必要なことがしっかりまとまっているのはどれかを考える。 ○教師や友達の話を聞き，メモを取り，よさや感想を伝え合う。	構造と内容の把握 考えの形成

| 4年 | 学図 | | 教科書【上】：p.54〜61　配当時数：10時間　配当月：5〜6月 |

3 ほうこくしたいことを新聞にまとめて書こう

見学したことを新聞にまとめよう

主領域　B書くこと

関連する道徳の内容項目　C勤労，公共の精神

到達目標

≫知識・技能
○言葉には考えたことや思ったことを表す働きがあることに気づくことができる。
○丁寧な言葉を使うとともに，敬体と常体の違いに注意しながら書くことができる。
○比較や分類の仕方，必要な語句の書き留め方を理解することができる。
○新しく習う漢字を正しく読んだり書いたりすることができる。

≫思考・判断・表現
○見学したことから書くことを選び，集めた材料を比較したり分類したりして，伝えたいことを明確にすることができる。
○書く内容の中心を明確にし，内容のまとまりで段落をつくるなどして文章の構成を考えることができる。
○間違いを正したり，相手や目的を意識した表現になっているかを確かめたりして，文や文章を整えることができる。
○書こうとしたことが明確になっているかなど，文章に対する感想や意見を伝え合い，自分の文章のよいところを見つけることができる。
○調べたことをまとめて報告するなど，事実やそれをもとに考えたことを書く活動ができる。

≫主体的に学習に取り組む態度　※「主体的に学習に取り組む態度」は方向目標を示しています。
○見たこと聞いたことを整理して，伝えたいことをはっきりさせて新聞にまとめようとする。

評価規準

≫知識・技能
○考えたことや思ったことを表す言葉を使って新聞を書いている。
○取材カードや記事カードは常体で書き，新聞は敬体で書いている。
○取材で必要な語句を書き留め，内容を比較したり分類したりして，記事にしている。
○新しく習う漢字を正しく読んだり書いたりしている。

　　　　　　　　　　　　　　　　　　　　●対応する学習指導要領の項目：(1) ア，エ，キ　(2) イ

≫思考・判断・表現
○見学したことから書くことを選び，取材カードを内容ごとに分類して整理している。
○伝えたいことの中心を明確にし，内容のまとまりごとに記事をまとめるなど新聞の構成を考えている。
○書き終えたら読み返し，間違いがないか，わかりやすい表現になっているかなどを確かめている。
○新聞を読んで感想を伝え合い，よいところを見つけている。
○調べたことを新聞にまとめて報告する活動をしている。

　　　　　　　　　　　　　　　　　　　　●対応する学習指導要領の項目：B (1) ア，イ，エ，オ　(2) ア

主体的に学習に取り組む態度

○見たこと聞いたことを整理して，伝えたいことをはっきりさせて新聞にまとめている。

学習活動

小単元名	時数	学習活動	学習の過程
見学したことを新聞にまとめよう①	1	○54ページ下段を読み，学習のめあてと学習の流れを確かめる。 ・55ページの新聞の例を読み，どんな新聞を作るのか確かめる。	見通し
見学したことを新聞にまとめよう②	3	○グループで，見学に行って見たり聞いたりしたいと思っていることを話し合い，質問を考える。 ○話し合った質問を取材カードに書く。 ○取材カードに記録しながら見学する。	情報の収集
見学したことを新聞にまとめよう③	2	○グループで，取材カードの内容を整理したり資料を読んだりして，書く内容を話し合う。 ○話し合った内容をもとにして，記事カードを書く。	内容の検討 考えの形成
見学したことを新聞にまとめよう④	3	○グループで話し合って，新聞の割り付けを決める。 ○割り付けに沿って，新聞を仕上げる。 ○話し合った内容をもとにして，記事を書く。	構成の検討　記述
見学したことを新聞にまとめよう⑤	1	○新聞を読み合って，感想を伝え合う。	共有

| 4年 | 学図 | | 教科書【上】：p.62〜63　配当時数：5時間　配当月：6月 |

言葉をおくろう
お礼状を書こう

主領域　B書くこと
関連する道徳の内容項目　B感謝／礼儀

到達目標

≫知識・技能
○丁寧な言葉を使うとともに，敬体と常体の違いに注意しながら書くことができる。
○新しく習う漢字を正しく読んだり書いたりすることができる。

≫思考・判断・表現
○書く内容の中心を明確にし，内容のまとまりで段落をつくるなどして文章の構成を考えることができる。
○間違いを正したり，相手や目的を意識した表現になっているかを確かめたりして，文や文章を整えることができる。
○お礼の文章を書くなど，伝えたいことを手紙に書く活動ができる。

≫主体的に学習に取り組む態度　※「主体的に学習に取り組む態度」は方向目標を示しています。
○お世話になった人などに，お礼の気持ちを伝えるために手紙を書こうとする。

評価規準

≫知識・技能
○丁寧な言葉で敬体表現を使ってお礼状を書いている。
○新しく習う漢字を正しく読んだり書いたりしている。

　　　　　　　　　　　　　　　　　　　　　　　　　　　● 対応する学習指導要領の項目：(1) エ，キ

≫思考・判断・表現
○誰に何のお礼を伝えるのかを明確にし，内容のまとまりで段落をつくるなどしてお礼状の構成を考えている。
○書いたお礼状を読み返し，間違いを正したり，相手に対して失礼なところがないかを確かめたりして，文章を整えている。
○見学したりインタビューしたりした相手にお礼の文章を書く活動をしている。

　　　　　　　　　　　　　　　　　　　　　　　　● 対応する学習指導要領の項目：B (1) イ，エ　(2) イ

≫主体的に学習に取り組む態度
○お世話になった人などに，お礼の気持ちを伝える手紙を書いている。

学習活動

小単元名	時数	学習活動	学習の過程
お礼状を書こう①	2	○お礼状の書き方を理解する。 ・62ページを読んで，お礼状の形式について理解する。 ・63ページを参考に，お礼状の形式を確認する。	題材の設定 内容の検討

| お礼状を書こう② | 3 | ○お礼状の書き方を生かして、お礼の手紙を書く。
・推敲して、形式・内容に間違いがないか確かめる。 | 記述　推敲　共有 |

| 4年 | 学図 | 教科書【上】：p.64〜65　配当時数：1時間　配当月：6月 |

季節のたより

夏

到達目標

≫知識・技能
○言葉には性質や役割による語句のまとまりがあることを理解し，語彙を豊かにすることができる。
○易しい文語調の俳句を音読するなどして，言葉の響きやリズムに親しむことができる。

≫主体的に学習に取り組む態度　※「主体的に学習に取り組む態度」は方向目標を示しています。
○季節に対するものの見方や感じ方に注意して，夏を感じる言葉について考えようとする。

評価規準

≫知識・技能
○教科書の写真や俳句から夏を感じる語句を探し，文章の中で使うとともに語彙を豊かにしている。
○五島高資，松尾芭蕉の俳句を音読し，言葉の響きやリズムに親しんでいる。

　　　　　　　　　　　　　　　　　　　　　　　　　　　　　　対応する学習指導要領の項目：(1) オ　(3) ア

≫主体的に学習に取り組む態度
○季節に対するものの見方や感じ方に注意して，夏を感じた経験を詩に表そうとしている。

学習活動

小単元名	時数	学習活動	学習の過程
夏	1	○64・65ページの言葉にまつわる体験を思い出す。 ○教科書の言葉のほかにも夏に関わる言葉を出し合い，詩を書き，紹介し合う。	

| 4年 | 学図 |

教科書【上】：p.66〜73　配当時数：6時間　配当月：6月

4 表にしてくらべながら読もう

手で食べる，はしで食べる

主領域　C読むこと

関連する道徳の内容項目　C伝統と文化の尊重，国や郷土を愛する態度／国際理解，国際親善

到達目標

≫知識・技能
○段落の役割について理解することができる。
○比較や分類の仕方，必要な語句などの書き留め方，引用や出典の示し方を理解し使うことができる。
○新しく習う漢字を正しく読んだり書いたりすることができる。

≫思考・判断・表現
○段落相互の関係に着目しながら，考えとそれを支える理由や事例との関係などについて，叙述をもとに捉えることができる。
○文章を読んで理解したことに基づいて，感想や考えをもつことができる。
○文章を読んで感じたことや考えたことを共有し，一人一人の感じ方に違いがあることに気づくことができる。
○記録や報告などの文章を読み，文章の一部を引用して，わかったことや考えたことを説明したり，意見を述べたりする活動ができる。

≫主体的に学習に取り組む態度　※「主体的に学習に取り組む態度」は方向目標を示しています。
○国による食べ方の違いや文化の違いについて，筆者の考えをつかみながら自分の考えをまとめようとする。

評価規準

≫知識・技能
○段落の役割について理解している。
○事例を比べたり，大事な言葉を見つけて要点をまとめたりしている。
○新しく習う漢字を正しく読んだり書いたりしている。

　　　　　　　　　　　　　　　　　　　　　　　　　　　●対応する学習指導要領の項目：(1) エ，カ　(2) イ

≫思考・判断・表現
○段落の要点を表に整理して事例を比較し，筆者の考えやそれを支える事例について，叙述をもとに捉えている。
○「手で食べる，はしで食べる」を読んで，国によって食文化が違うことについて感想や考えをもっている。
○「手で食べる，はしで食べる」を読んで感じたことを友達と交流し，感じ方に違いがあることに気づいている。
○食文化の違いに関する文章を読み，文章の一部を引用するなどしてわかったことを説明したり自分の考えを述べたりしている。

　　　　　　　　　　　　　　　　　　　　　　　　　　　●対応する学習指導要領の項目：C (1) ア，オ，カ　(2) ア

≫主体的に学習に取り組む態度
○国による食べ方の違いや文化の違いについて，段落ごとに筆者の考えをつかみながら自分の考えをまとめている。

学習活動

小単元名	時数	学習活動	学習の過程
手で食べる，はしで食べる①	1	○72・73ページ「学習のてびき」を読み，学習のめあてを確かめる。	見通し
		○全文を通して読み，文章全体を「はじめ・中①②・終わり」に分ける。	構造と内容の把握
手で食べる，はしで食べる②	4	○段落ごとの要点をまとめ，筆者の考えをつかむ。 ・「はじめ」「中①」「中②」「終わり」の意味段落ごとにまとめる。 ○事例を比較しながら内容を確かめる。 ・手で食べるかはしで食べるかの違いについて読む。 ・はしなど道具の使い方の違いについて，事例を比較しながら読む。 ・食事に表れた文化と知恵についての筆者の考えを読む。	精査・解釈
手で食べる，はしで食べる③	1	○食文化の違いについて自分の考えを書き，友達と伝え合う。	考えの形成　共有

| 4年 | 学図 |

教科書【上】：p.74〜77　配当時数：8時間　配当月：6〜7月

調べたことを書こう

文化のちがいを調べよう

主領域　B書くこと

関連する道徳の内容項目　C伝統と文化の尊重，国や郷土を愛する態度／国際理解，国際親善

到達目標

≫知識・技能
○言葉には，考えたことや思ったことを表す働きがあることに気づくことができる。
○主語と述語との関係，修飾と被修飾との関係，指示語と接続語の役割，段落の役割について理解することができる。
○比較や分類の仕方，必要な語句などの書き留め方，引用や出典の示し方を理解し使うことができる。
○新しく習う漢字を正しく読んだり書いたりすることができる。

≫思考・判断・表現
○相手や目的を意識して，調べたことから書くことを選び，集めた材料を比較したり分類したりして，伝えたいことを明確にすることができる。
○書く内容の中心を明確にし，内容のまとまりで段落をつくるなどして，文章の構成を考えることができる。

≫主体的に学習に取り組む態度　※「主体的に学習に取り組む態度」は方向目標を示しています。
○世界の国々の文化や生活の様子の違いについて，みんなに紹介する文章を書こうとする。

評価規準

≫知識・技能
○思ったことや考えたことを言葉で表している。
○主語と述語を整え，内容がよくわかるように修飾語を適切に使って，内容ごとに段落を分けるなどして文章を書いている。
○調べたことを比較・分類し，書きたいことに必要な内容を選んでいる。
○新しく習う漢字を正しく読んだり書いたりしている。

　　　　　　　　　　　　　　　　　　　　　　　　　　●対応する学習指導要領の項目：(1)ア，エ，カ　(2)イ

≫思考・判断・表現
○文化の違いについて調べたことからみんなに紹介する事柄を選び，集めた材料を比較したり分類したりして，伝えたいことを明確にしている。
○国ごとに段落を分けるなどして，文章の構成を考えている。

　　　　　　　　　　　　　　　　　　　　　　　　　　●対応する学習指導要領の項目：B (1)ア，イ

≫主体的に学習に取り組む態度
○世界の国々の文化や生活の様子の違いについて調べ，みんなに紹介する文章を書いている。

学習活動

小単元名	時数	学習活動	学習の過程
文化のちがいを調べよう①	1	○教科書をもとに学習の流れを理解する。	見通し
文化のちがいを調べよう②	1	○世界の国々の文化や生活の様子などについて調べたいことを決める。 ・調べてみたいことを友達と話し合い、友達の意見も参考にして決める。	題材の設定
文化のちがいを調べよう③	2	○本やインターネットなどで調べ、調べたことを表にまとめる。 ・75ページの表を参考にして、国ごとにまとめる。	情報の収集
文化のちがいを調べよう④	3	○構成に気をつけて、文章を書く。 ・「中」の部分で、国ごとの違いがわかるように書くなど、わかりやすい構成になるよう気をつける。	構成の検討　記述　推敲
文化のちがいを調べよう⑤	1	○書いた文章を読み合い、感想を伝え合う。	共有

| 4年 | 学図 | 教科書【上】：p.78〜83　配当時数：3時間　配当月：7月 |

「根きょ」と「理由」を区べつしよう
自分の意見を組み立てて説明しよう

主領域　C読むこと

到達目標

》知識・技能
○考えとそれを支える根拠や理由との関係について理解することができる。

》思考・判断・表現
○文章や絵から理解したことに基づいて感想や考えをもつことができる。
○文章を読んで感じたことや考えたことを共有し，一人一人の感じ方に違いがあることに気づくことができる。

》主体的に学習に取り組む態度　※「主体的に学習に取り組む態度」は方向目標を示しています。
○文章や絵から感じたことや考えたことについて，考えの根拠や理由を述べて説明しようとする。

評価規準

》知識・技能
○「根拠」と「理由」の違いについて理解している。
　　　　　　　　　　　　　　　　　　　　　　　　　　　　　● 対応する学習指導要領の項目：(2) ア

》思考・判断・表現
○文章や絵から理解したことに基づいて感想や考えをもっている。
○79ページの詩や，「白いぼうし」，82ページの絵を見て感じたことや考えたことを友達と交流し，感じ方に違いがあることに気づいている。
　　　　　　　　　　　　　　　　　　　　　　　　　　　　　● 対応する学習指導要領の項目：C (1) オ，カ

》主体的に学習に取り組む態度
○文章や絵から感じたことや考えたことについて，考えの根拠や理由を述べて説明しようとしている。

学習活動

小単元名	時数	学習活動	学習の過程
自分の意見を組み立てて説明しよう①	1	○78〜80ページを読み，意見と根拠，理由の関係を理解する。	内容の把握
自分の意見を組み立てて説明しよう②	1	○「白いぼうし」の女の子の正体について，根拠と理由を挙げて意見を伝え合う。	考えの形成　共有
自分の意見を組み立てて説明しよう③	1	○82ページの絵の題名について，根拠と理由を挙げて意見を伝え合う。	考えの形成　共有

4年	学図

教科書【上】：p.84〜85　配当時数：2時間　配当月：7月

言葉を受け止めよう

言葉のいろいろな表情

主領域 A話すこと・聞くこと

関連する道徳の内容項目 B親切, 思いやり／友情, 信頼

到達目標

≫ 知識・技能
○言葉には，考えたことや思ったことを表す働きがあることに気づくことができる。
○相手を見て話したり聞いたりすることができる。

≫ 思考・判断・表現
○互いの意見の共通点や相違点に着目して，考えをまとめることができる。

≫ 主体的に学習に取り組む態度　※「主体的に学習に取り組む態度」は方向目標を示しています。
○いろいろな言葉の使い方や伝わり方について，わかったことを伝えようとする。

評価規準

≫ 知識・技能
○言葉には，考えたことや思ったことを表す働きがあることに気づいている。
○相手を見て話したり聞いたりしている。

　　　　　　　　　　　　　　　　　　　　　　　　　　● 対応する学習指導要領の項目：(1) ア，イ

≫ 思考・判断・表現
○84・85ページの状況について意見を出し合い，意見の共通点や相違点に気づいている。

　　　　　　　　　　　　　　　　　　　　　　　　　　● 対応する学習指導要領の項目：A (1) オ

≫ 主体的に学習に取り組む態度
○いろいろな言葉の使い方や伝わり方について，わかったことを伝え合っている。

学習活動

小単元名	時数	学習活動	学習の過程
言葉のいろいろな表情	2	○84・85ページの例文を声に出して読んで，それぞれの「おはよう」の違いについて話し合う。	内容の検討　共有
		○85ページのせりふをいろいろな言い方で言い合い，伝わり方の違いについて話し合う。	考えの形成　共有

| 4年 | 学図 | 教科書【上】：p.86～86　配当時数：1時間　配当月：7月 |

言葉をつないで文を作ろう2

3年生で習った漢字②

主領域　B書くこと

到達目標

>> 知識・技能
○第3学年までに配当されている漢字を，文や文章の中で使うことができる。

>> 思考・判断・表現
○絵や目的に合った漢字を使って文を書いたり，間違いを正したりすることができる。

>> 主体的に学習に取り組む態度　※「主体的に学習に取り組む態度」は方向目標を示しています。
○86ページの言葉を使って，絵に合った文を書こうとする。

評価規準

>> 知識・技能
○3年生で学習した漢字を使って文や文章を作っている。
● 対応する学習指導要領の項目：(1)エ

>> 思考・判断・表現
○絵や目的に合った漢字を使って文を書いたり，間違いを正したりしている。
● 対応する学習指導要領の項目：B(1)エ

>> 主体的に学習に取り組む態度
○86ページの言葉を使って，町の様子を表す文を書いている。

学習活動

小単元名	時数	学習活動	学習の過程
3年生で習った漢字②	1	○86ページにある言葉を使って，町の様子を表す文を作る。 ・間違いがないか確かめる。	推敲

4年　学図

読書に親しもう

物語のみ力をしょうかいしよう／ポレポレ／読書の部屋

教科書【上】：p.87〜105　配当時数：6時間　配当月：7月

主領域　C読むこと

関連する道徳の内容項目　B友情，信頼　C国際理解，国際親善

到達目標

≫知識・技能
○言葉には，考えたことや思ったことを表す働きがあることに気づくことができる。
○引用の仕方や出典の示し方を理解し使うことができる。
○幅広く読書に親しむことができる。
○新しく習う漢字を正しく読んだり書いたりすることができる。

≫思考・判断・表現
○登場人物の行動や気持ちなどについて，叙述をもとに捉えることができる。
○文章を読んで感じたことや考えたことを共有し，一人一人の感じ方に違いがあることに気づくことができる。
○物語を読み，内容を説明したり，考えたことなどを伝え合ったりする活動ができる。

≫主体的に学習に取り組む態度　※「主体的に学習に取り組む態度」は方向目標を示しています。
○物語の魅力を友達に紹介するために，登場人物の好きなところやおもしろいと思ったところに着目して読もうとする。

評価規準

≫知識・技能
○「ポレポレ」を読んで，考えたことやおもしろいと思ったところなどを出し合っている。
○物語の魅力を伝えるときに，文章を引用して話している。
○104・105ページの本を手掛かりにして，いろいろなジャンルの本を読んでいる。
○新しく習う漢字を正しく読んだり書いたりしている。

　　　　　　　　　　　　　　　　　　　　●対応する学習指導要領の項目：(1)ア，エ　(2)イ　(3)オ

≫思考・判断・表現
○ピーターやクラスの友達の行動や気持ちについて，叙述をもとに捉えている。
○「ポレポレ」を読んで感じたことや考えたことを友達と交流し，感じ方に違いがあることに気づいている。
○物語を読み，その魅力を友達に紹介する活動をしている。

　　　　　　　　　　　　　　　　　　　　●対応する学習指導要領の項目：C(1)イ，カ　(2)イ

≫主体的に学習に取り組む態度
○登場人物の好きなところやおもしろいと思ったところに着目して読み，物語の魅力を友達に紹介している。

学習活動

小単元名	時数	学習活動	学習の過程
物語のみ力をしょうかいしよう／ポレポレ①	1	○88・89ページを読み，学習の見通しをもつ。 ・物語を紹介するために，あらすじや，主な人物と出来事の変化を捉えることを理解する。	見通し
物語のみ力をしょうかいしよう／ポレポレ②	3	○場面ごとに，出来事や情景，人物の心情を思いうかべながら「ポレポレ」を読む。 ・ピーターが入院している病院は何が変わっているのか，また，それはなぜなのか。 ・ケニアから転校してきたピーターの性格や人柄を読む。 ・「ぼく」とピーターが親しくなっていく様子を読む。 ・いずみを助けたピーターがけがをするまでの場面を読む。 ・骨折したピーターが入院している場面を読み，初めの場面とつながることを確かめる。	精査・解釈
物語のみ力をしょうかいしよう／ポレポレ③	1	○「ポレポレ」の内容や登場人物の魅力を紹介し合う。 ・88・89ページの活動の流れに沿って，物語の魅力を紹介し合う。	考えの形成　共有
読書の部屋	1	○104・105ページから読みたい本を選んで読み，「読書の足あと」カードを書く。	

| 4年 | 学図 | 教科書【上】：p.106〜109　配当時数：2時間　配当月：9月 |

詩を味わおう

かぼちゃのつるが／ふしぎ

主領域　C読むこと

関連する道徳の内容項目　D自然愛護／感動，畏敬の念

到達目標

≫知識・技能
○言葉には，考えたことや思ったことを表す働きがあることに気づくことができる。
○詩の構成や内容の大体を意識しながら音読することができる。

≫思考・判断・表現
○詩に描かれている場面の情景や心情について，具体的に想像することができる。
○詩を読んで感じたことや考えたことを共有し，一人一人の感じ方に違いがあることに気づくことができる。

≫主体的に学習に取り組む態度　※「主体的に学習に取り組む態度」は方向目標を示しています。
○場面の情景や心情を想像しながら，詩を声に出して読もうとする。

評価規準

≫知識・技能
○詩を読んで，作者の思いを表す言葉を見つけている。
○2つの詩の情景を思いうかべながら音読している。

　　　　　　　　　　　　　　　　　　　　　　　　　● 対応する学習指導要領の項目：(1) ア，ク

≫思考・判断・表現
○詩に描かれている場面の情景や心情を具体的に想像している。
○詩を読んで感じたことを友達と交流し，感じ方に違いがあることに気づいている。

　　　　　　　　　　　　　　　　　　　　　　　　　● 対応する学習指導要領の項目：C (1) エ，カ

≫主体的に学習に取り組む態度
○場面の情景や心情を想像しながら，詩を声に出して読んでいる。

学習活動

小単元名	時数	学習活動	学習の過程
かぼちゃのつるが／ふしぎ	2	○表現の的確さや言葉のおもしろさをとおして，情景や心情を想像しながら音読する。	考えの形成　共有
		・「かぼちゃのつるが」を読んで，描かれている情景や表現の工夫について話し合う。 ・「ふしぎ」を読んで，作者の思いや自分の経験について話し合う。	精査・解釈 考えの形成
		○好きな詩を選んで情景を想像しながら音読し，感想を伝え合う。	共有

4年　学図　　　　　　　　　　　　　　　　　教科書【上】：p.110〜111　配当時数：2時間　配当月：9月

みんなに伝えよう
こんなに成長したよ

主領域　A話すこと・聞くこと
関連する道徳の内容項目　A個性の伸長

到達目標

≫知識・技能
○相手を見て話したり聞いたりするとともに，言葉の抑揚や強弱，間の取り方などに注意して話すことができる。
○丁寧な言葉を使うことができる。

≫思考・判断・表現
○目的を意識して日常生活の中から話題を決め，伝え合うために必要な事柄を選ぶことができる。
○相手に伝わるように，事例などを挙げながら話の中心が明確になるように構成を考えることができる。
○話の中心や話す場面を意識して，言葉の抑揚や強弱，間の取り方などを工夫することができる。

≫主体的に学習に取り組む態度　※「主体的に学習に取り組む態度」は方向目標を示しています。
○自分が成長したと思うことについて，ふり返って考え，みんなの前で発表しようとする。
○話したり聞いたりする活動を通してお互いのよさや特徴を知ろうとする。

評価規準

≫知識・技能
○聞く人の反応を見ながら，声の大きさや調子を工夫して話している。
○丁寧な言葉づかいで話している。
　　　　　　　　　　　　　　　　　　　　　　　　　　　　──● 対応する学習指導要領の項目：(1) イ，キ

≫思考・判断・表現
○自分なりに成長したことを日常生活の中から探し，伝え合うために必要な事柄を選んでいる。
○成長したと思うことや成長のきっかけなどの事例を挙げながら，話の中心が明確になるような構成を考えている。
○友達の前で話すことを意識して，言葉の抑揚や強弱，間の取り方などを工夫している。
　　　　　　　　　　　　　　　　　　　　　　　　　　　　──● 対応する学習指導要領の項目：A (1) ア，イ，ウ

≫主体的に学習に取り組む態度
○自分が成長したと思うことについて，ふり返って考え，みんなの前で発表している。
○話したり聞いたりする活動を通してお互いのよさや特徴を知ろうとしている。

学習活動

小単元名	時数	学習活動	学習の過程
こんなに成長したよ	2	○自分なりに成長したと思うことを紹介し合う。 ・自分なりに成長したと思うことをふり返り，伝えたいことを決める。	話題の設定 情報の収集
		・自分なりに成長したと思うことを紹介し合い，感想を伝え合う。	表現　共有

4年　学図　　　教科書【上】：p.112〜113　配当時数：2時間　配当月：9月

言葉のきまり1
接続語

到達目標

≫知識・技能
○言葉には，考えたことや思ったことを表す働きがあることに気づくことができる。
○接続語の役割を理解することができる。
○新しく習う漢字を正しく読んだり書いたりすることができる。

≫主体的に学習に取り組む態度　※「主体的に学習に取り組む態度」は方向目標を示しています。
○接続語の役割や使い方を理解し，文の中で適切に使おうとする。

評価規準

≫知識・技能
○考えたことや思ったことを表す言葉を使って文を作っている。
○接続語の意味・用法を理解し，文の中で正しく使っている。
○新しく習う漢字を正しく読んだり書いたりしている。

　　　　　　　　　　　　　　　　　　　　　　　　● 対応する学習指導要領の項目：(1) ア，エ，カ

≫主体的に学習に取り組む態度
○接続語の役割や使い方を理解し，文の中で適切に使おうとしている。

学習活動

小単元名	時数	学習活動	学習の過程
接続語	2	○接続語の「順接」や「逆接」などの使い方を理解する。 ○気持ちが表れる接続語の使い方を理解する。 ○接続助詞「ので」「けれど」などで，一文につなげることができることを理解する。 ○113ページ下段の設問に取り組む。	

| 4年 | 学図 |

教科書【上】：p.114〜115　配当時数：2時間　配当月：9月

言葉のいずみ2

漢字のいろいろな読み方・送りがな

到達目標

≫知識・技能
○漢字と仮名を用いた表記，送り仮名の付け方を理解することができる。
○新しく習う漢字を正しく読んだり書いたりすることができる。

≫主体的に学習に取り組む態度　※「主体的に学習に取り組む態度」は方向目標を示しています。
○漢字のいろいろな読み方，送り仮名を理解し，文の中で適切に使おうとする。

評価規準

≫知識・技能
○漢字のいろいろな音読みや特別な読み方，送り仮名の付け方を理解している。
○新しく習う漢字を正しく読んだり書いたりしている。

●対応する学習指導要領の項目：(1) ウ，エ

≫主体的に学習に取り組む態度
○漢字のいろいろな読み方，送り仮名を理解し，文の中で適切に使っている。

学習活動

小単元名	時数	学習活動	学習の過程
漢字のいろいろな読み方・送りがな	2	○漢字の音読みと訓読みについて理解する。 ○言葉の特別な読み方(熟字訓)を理解する。 ○送り仮名の決まりを理解する。 ○115ページ下段の設問に取り組む。	

4年　学図　　　　　　　　　　　教科書【上】：p.116〜117　配当時数：2時間　配当月：9月

文章の書き方・まとめ方
文章のまとまりと分かりやすさ

主領域　B書くこと

到達目標

≫知識・技能
○改行の仕方を理解して文や文章の中で使うことができる。
○主語と述語の関係や段落の役割について理解することができる。
○新しく習う漢字を正しく読んだり書いたりすることができる。

≫思考・判断・表現
○書く内容の中心を明確にし，内容のまとまりで段落をつくるなどして文章の構成を考えることができる。
○間違いを正すなどして文や文章を整えることができる。

≫主体的に学習に取り組む態度　※「主体的に学習に取り組む態度」は方向目標を示しています。
○文章をまとまりごとに分けることで読みやすくわかりやすい文章になることを理解し，これまでに書いた文章を読み返して直したり，これから書く文章に生かしたりしようとする。

評価規準

≫知識・技能
○内容のまとまりで改行している。
○主語と述語の関係や段落の役割について理解し，読みやすい文章を書いている。
○新しく習う漢字を正しく読んだり書いたりしている。
　　　　　　　　　　　　　　　　　　　　　　　● 対応する学習指導要領の項目：(1) ウ，エ，カ

≫思考・判断・表現
○一文を短くしたり，段落に分けたりして，読みやすい文章に書き直している。
○これまでに書いた文章を読み返し，段落に分けたり間違いを直したりしている。
　　　　　　　　　　　　　　　　　　　　　　　● 対応する学習指導要領の項目：B (1) イ，エ

≫主体的に学習に取り組む態度
○文章をまとまりごとに分けることで読みやすくわかりやすい文章になることを理解し，これまでに書いた文章を読み返して直したり，これから書く文章に生かしたりしようとする。

学習活動

小単元名	時数	学習活動	学習の過程
文章のまとまりと分かりやすさ	2	○116・117ページの文章を読んで，わかりにくいところを確かめる。 ・一文を短くすることや，「はじめ・中・終わり」の段落をつくることによって読みやすい文章になることを理解する。 ○116・117ページの文章を書き直す。	推敲

| 4年 | 学図 | | 教科書【上】: p.118〜123　配当時数：4時間　配当月：9月 |

言葉のひびきやリズムを楽しもう

短歌

関連する道徳の内容項目　C 伝統と文化の尊重，国や郷土を愛する態度

到達目標

≫知識・技能
○易しい文語調の短歌を音読するなどして，言葉の響きやリズムに親しむことができる。
○新しく習う漢字を正しく読んだり書いたりすることができる。

≫主体的に学習に取り組む態度　※「主体的に学習に取り組む態度」は方向目標を示しています。
○文語調の短歌や百人一首に関心をもち，声に出して読み，言葉の響きやリズムを楽しもうとする。

評価規準

≫知識・技能
○言葉の響きやリズムに注意して，情景を思いうかべながら短歌を声に出して読んでいる。
○新しく習う漢字を正しく読んだり書いたりしている。

対応する学習指導要領の項目：(1) エ　(3) ア

≫主体的に学習に取り組む態度
○文語調の短歌や百人一首に関心をもち，声に出して読み，言葉の響きやリズムを楽しんでいる。

学習活動

小単元名	時数	学習活動	学習の過程
短歌①	2	○短歌について知り，情景を思いうかべながら音読する。 ・「五・七・五・七・七」の三十一音でできでいることを知る。	
短歌②	1	○120・121ページ「やってみよう」に沿って，短歌について話し合う。 ・昔の人のものの見方や感じ方について考える。	
短歌③	1	○言葉のリズムに気をつけて，短歌を音読する。	

| 4年 | 学図 | 教科書【上】：p.124〜129　配当時数：6時間　配当月：9〜10月 |

5 問題解決のために話し合おう
安全マップを作って話し合おう

主領域　A話すこと・聞くこと

関連する道徳の内容項目　A節度，節制　B相互理解，寛容　C規則の尊重／公正，公平，社会正義

到達目標

》知識・技能
○丁寧な言葉を使って話すことができる。
○新しく習う漢字を正しく読んだり書いたりすることができる。

》思考・判断・表現
○目的を意識して，日常生活の中から話題を決め，集めた材料を比較したり分類したりして，伝え合うために必要な事柄を選ぶことができる。
○目的や進め方を確認し，司会などの役割を果たしながら話し合い，互いの意見の共通点や相違点に着目して考えをまとめることができる。
○質問するなどして情報を集めたり，それらを発表したりする活動ができる。
○互いの考えを伝えるなどして，グループや学級全体で話し合う活動ができる。

》主体的に学習に取り組む態度　※「主体的に学習に取り組む態度」は方向目標を示しています。
○通学路の安全について，調べたことをもとにアイデアを出すなどして話し合おうとする。

評価規準

》知識・技能
○丁寧な言葉を使って話し合っている。
○新しく習う漢字を正しく読んだり書いたりしている。

　　　　　　　　　　　　　　　　　　　　　　　●対応する学習指導要領の項目：(1) エ，キ

》思考・判断・表現
○地域の人に聞いた通学路の危険な場所などについて，伝え合うために必要な事柄を選んでいる。
○司会を立ててクラスで話し合い，お互いの意見の共通点や相違点を確認しながら考えをまとめている。
○通学路の危険な場所について，地域の人に聞いて情報を集めている。
○安全に登下校するために考えられることを，グループやクラス全体で話し合っている。

　　　　　　　　　　　　　　　　　　　　　　　●対応する学習指導要領の項目：A (1) ア，オ　(2) イ，ウ

》主体的に学習に取り組む態度
○通学路の安全について，調べたことをもとにアイデアを出すなどして話し合っている。

学習活動

小単元名	時数	学習活動	学習の過程
安全マップを作って話し合おう①	1	○124ページ下段を読み,学習のめあてと学習の流れを確かめる。 ・127ページの安全マップの例を見て,どんなマップを作るのか確かめる。	見通し
安全マップを作って話し合おう②	3	○登下校のときに通学路の安全について点検し,調べたことを出し合う。	話題の設定 情報の収集
		○危険な場所で気をつけることについてグループで話し合う。	内容の検討
		○話し合いをもとにして,安全マップを完成させる。	考えの形成
安全マップを作って話し合おう③	2	○安全マップをもとに,クラス全体で話し合う。 ・安全マップを使って,安全な登下校のためのアイデアを話し合う。	内容の検討 考えの形成

| 4年 | 学図 |

教科書【上】：p.130〜130　配当時数：1時間　配当月：10月

言葉をつないで文を作ろう3

3年生で習った漢字③

主領域　B書くこと

到達目標

≫知識・技能
○第3学年までに配当されている漢字を，文や文章の中で使うことができる。

≫思考・判断・表現
○絵や目的に合った漢字を使って文を書いたり，間違いを正したりすることができる。

≫主体的に学習に取り組む態度　※「主体的に学習に取り組む態度」は方向目標を示しています。
○130ページの言葉を使って，絵に合った文を書こうとする。

評価規準

≫知識・技能
○3年生で学習した漢字を使って文や文章を作っている。
　　　　　　　　　　　　　　　　　　　　　　　　　　　●対応する学習指導要領の項目：(1)エ

≫思考・判断・表現
○絵や目的に合った漢字を使って文を書いたり，間違いを正したりしている。
　　　　　　　　　　　　　　　　　　　　　　　　　　　●対応する学習指導要領の項目：B(1)エ

≫主体的に学習に取り組む態度
○130ページの言葉を使って，家の中や周りの様子を表す文を書いている。

学習活動

小単元名	時数	学習活動	学習の過程
3年生で習った漢字③	1	○130ページにある言葉を使って，家の中や周りの様子を表す文を作る。 ・間違いがないか確かめる。	推敲

4年	学図

教科書【下】：p.1～1　配当時数：1時間　配当月：10月

水平線

主領域　C読むこと

到達目標

≫知識・技能
○言葉には，考えたことや思ったことを表す働きがあることに気づくことができる。
○詩の内容の大体を意識しながら音読することができる。

≫思考・判断・表現
○詩の情景について，場面とともに具体的に想像することができる。

≫主体的に学習に取り組む態度　※「主体的に学習に取り組む態度」は方向目標を示しています。
○詩に描かれた心情や情景を思いうかべながら音読しようとする。

評価規準

≫知識・技能
○「水平線」を読んで，考えたことや思ったことを表す言葉に気づいている。
○詩の内容の大体を意識しながら音読している。

　　　　　　　　　　　　　　　　　　　　　　　●対応する学習指導要領の項目：(1) ア，ク

≫思考・判断・表現
○言葉のリズムをとらえ，詩に描かれた人物の心情や情景を思いうかべながら音読している。

　　　　　　　　　　　　　　　　　　　　　　　●対応する学習指導要領の項目：C (1) エ

≫主体的に学習に取り組む態度
○「水平線」に描かれた心情や情景を思いうかべながら音読している。

学習活動

小単元名	時数	学習活動	学習の過程
水平線	1	○様子を表す言葉や思ったことを表す言葉から受ける感じから，「水平線」についての感想をもつ。	精査・解釈
		○どんな工夫をして音読するか考え，音読する。	考えの形成　共有

4年 学図　　　　　　　　　　　　教科書【下】：p.6〜8　配当時数：3時間　配当月：10月

言葉から想像しよう

組み合わせた言葉のイメージを楽しもう

主領域　A話すこと・聞くこと

到達目標

▶知識・技能
○言葉には，考えたことや思ったことを表す働きがあることに気づくことができる。
○言葉には，性質や役割による語句のまとまりがあることを理解し，語彙を豊かにすることができる。

▶思考・判断・表現
○日常生活から題材を決め，伝え合うために必要な事柄を選ぶことができる。
○相手に伝わるように，理由を挙げながら，話の中心が明確になるよう話の構成を考えることができる。

▶主体的に学習に取り組む態度　※「主体的に学習に取り組む態度」は方向目標を示しています。
○組み合わせた言葉から想像を広げようとする。

評価規準

▶知識・技能
○2つの言葉を組み合わせて作った言葉について，イメージしたことを話している。
○組み合わせた言葉からうかぶイメージをもとに，新しい言葉の世界をつくり出している。
　　　　　　　　　　　　　　　　　　　　　　　　　●対応する学習指導要領の項目：(1) ア，オ

▶思考・判断・表現
○日常生活から題材を決め，伝え合うために必要な事柄を選んでいる。
○組み合わせた言葉からうかぶイメージを，相手に伝わるように説明している。
　　　　　　　　　　　　　　　　　　　　　　　　　●対応する学習指導要領の項目：A (1) ア，イ

▶主体的に学習に取り組む態度
○組み合わせた言葉から想像を広げ，イメージを楽しもうとしている。

学習活動

小単元名	時数	学習活動	学習の過程
組み合わせた言葉のイメージを楽しもう	3	○2つの言葉を組み合わせて想像したことをメモする。 ○組み合わせた言葉を交換して，その言葉から想像したことを説明し合う。	内容の検討 考えの形成

| 4年 | 学図 | | 教科書【下】：p.9～17　配当時数：8時間　配当月：10月 |

1 二つの文章をくらべて読もう

空飛ぶふろしき　ムササビ／ムササビがくらす森

主領域　C読むこと

関連する道徳の内容項目　D自然愛護

到達目標

≫知識・技能
○主語と述語との関係，修飾と被修飾との関係，指示する語句と接続する語句の役割，段落の役割について理解することができる。
○文章全体の構成や内容の大体を意識しながら音読することができる。
○考えとそれを支える理由や事例，全体と中心など情報と情報との関係について理解することができる。
○比較や分類の仕方，必要な語句の書き留め方を理解している。
○新しく習う漢字を正しく読んだり書いたりすることができる。

≫思考・判断・表現
○段落相互の関係に着目しながら，考えとそれを支える理由や事例との関係などについて，叙述をもとに捉えることができる。
○中心となる語や文を見つけて要約することができる。
○文章を読んで理解したことに基づいて，感想や考えをもつことができる。
○記録や報告などの文章を読み，わかったことや考えたことを説明する活動ができる。

≫主体的に学習に取り組む態度　※「主体的に学習に取り組む態度」は方向目標を示しています。
○文章全体から中心を捉え，要約しようとする。
○２つの説明文を読み比べ，説明の仕方の違いを確かめようとする。

評価規準

≫知識・技能
○主語と述語の関係や指示語，接続語を正しく理解し，段落ごとに要点をまとめている。
○文章全体の構成や内容の大体を意識しながら音読している。
○筆者の考えとそれを支える事例や理由を押さえ，文章全体と中心との関係について理解している。
○２つの文章を比べて，それぞれに要点をまとめている。
○新しく習う漢字を正しく読んだり書いたりしている。

　　　　　　　　　　　　　　　　　　　　●対応する学習指導要領の項目：(1) エ，カ，ク　(2) ア，イ

≫思考・判断・表現
○筆者の考えとそれを支える理由や事例との関係などについて，文章の叙述をもとに捉えている。
○段落ごとに中心となる語を見つけて要点を整理し，文章を要約している。
○２つの文章を読んでわかったことに基づいて，感想や考えをもっている。
○２つの文章を読み比べて，わかったことや考えたことを説明している。

　　　　　　　　　　　　　　　　　　　　●対応する学習指導要領の項目：C (1) ア，ウ，オ　(2) ア

≫ 主体的に学習に取り組む態度

○段落ごとに要点を整理して中心を捉え，文章全体を要約している。
○2つの説明文を読み比べ，説明の仕方の違いを確かめている。

学習活動

小単元名	時数	学習活動	学習の過程
空飛ぶふろしき ムササビ／ムササビがくらす森①	2	○16・17ページ「学習のてびき」を読み，学習のめあてを確かめる。	見通し
		○2つの文章を読み比べて，ムササビの秘密について伝え合う。 ・「空飛ぶふろしき ムササビ」を読んで，ムササビについてわかったことを書き留める。 ・「ムササビがくらす森」を読んで，ムササビについてわかったことを書き留める。	構造と内容の把握
		・2つの文章からわかったムササビの秘密を伝え合う。	考えの形成 共有
空飛ぶふろしき ムササビ／ムササビがくらす森②	4	○2つの文章の要点を表に整理する。 ・16ページ上段の表を参考に，それぞれの文章の要点について表に書く。	精査・解釈
空飛ぶふろしき ムササビ／ムササビがくらす森③	1	○2つの文章の説明の仕方を，16ページ下段の表にあるような観点で比べる。	精査・解釈
空飛ぶふろしき ムササビ／ムササビがくらす森④	1	○「要点の表」「説明の仕方の表」をもとに要約文を書き，ムササビの秘密を伝え合う。	考えの形成 共有

| 4年 | 学図 | 教科書【下】：p.18〜19　配当時数：1時間　配当月：10月 |

季節のたより
秋

到達目標

≫知識・技能
○言葉には性質や役割による語句のまとまりがあることを理解し，語彙を豊かにすることができる。
○易しい文語調の俳句を音読するなどして，言葉の響きやリズムに親しむことができる。

≫主体的に学習に取り組む態度　※「主体的に学習に取り組む態度」は方向目標を示しています。
○季節に対するものの見方や感じ方に注意して，秋を感じる言葉について考えようとする。

評価規準

≫知識・技能
○教科書の写真や俳句から秋を感じる語句を探し，文章の中で使うとともに語彙を豊かにしている。
○橋本多佳子，与謝蕪村の俳句を音読し，言葉の響きやリズムに親しんでいる。

　　　　　　　　　　　　　　　　　　　　　　　　　● 対応する学習指導要領の項目：(1) オ　(3) ア

≫主体的に学習に取り組む態度
○季節に対するものの見方や感じ方に注意して，秋を感じた経験を詩に表そうとしている。

学習活動

小単元名	時数	学習活動	学習の過程
秋	1	○18・19ページの言葉にまつわる体験を思い出す。 ○教科書の言葉のほかにも秋に関わる言葉を出し合い，詩を書き，紹介し合う。	

| 4年 | 学図 | 教科書【下】：p.20〜23　配当時数：2時間　配当月：11月 |

昔から言い伝えられてきた言葉にふれよう

ことわざ・故事成語

関連する道徳の内容項目　C伝統と文化の尊重，国や郷土を愛する態度／国際理解，国際親善

到達目標

≫知識・技能
○比較や分類の仕方を理解している。
○長い間使われてきたことわざや故事成語などの意味を知り，使うことができる。
○新しく習う漢字を正しく読んだり書いたりすることができる。

≫主体的に学習に取り組む態度　※「主体的に学習に取り組む態度」は方向目標を示しています。
○ことわざ・故事成語に関心をもち，日常生活の中で適切に使おうとする。

評価規準

≫知識・技能
○似た意味をもったことわざを比較している。
○ことわざや故事成語の意味を国語辞典などで調べ，話や文章の中で使っている。
○新しく習う漢字を正しく読んだり書いたりしている。

対応する学習指導要領の項目：(1) エ　(2) イ　(3) イ

≫主体的に学習に取り組む態度
○ことわざ・故事成語に関心をもち，日常生活の中で適切に使おうとしている。

学習活動

小単元名	時数	学習活動	学習の過程
ことわざ・故事成語①	1	○ことわざの意味や使い方を理解する。 ○21ページ「やってみよう」に取り組み，ことわざの意味を調べ，カードにまとめる。	
ことわざ・故事成語②	1	○故事成語の意味や使い方を理解する。 ○23ページ「やってみよう」に取り組み，故事成語の成り立ちと意味を調べる。	

| 4年 | 学図 | 教科書【下】：p.24〜27　配当時数：2時間　配当月：11月 |

筆者の視点を追って読もう

「落ち葉」ではなく「落ちえだ」

主領域　C読むこと

関連する道徳の内容項目　D自然愛護／感動，畏敬の念

到達目標

》知識・技能
○言葉には，考えたことや思ったことを表す働きがあることに気づくことができる。
○主語と述語との関係，修飾と被修飾との関係，指示語や接続語の役割，段落の役割について理解することができる。
○新しく習う漢字を正しく読んだり書いたりすることができる。

》思考・判断・表現
○段落相互の関係に着目しながら，考えとそれを支える理由や事例との関係などについて，叙述をもとに捉えることができる。

》主体的に学習に取り組む態度　※「主体的に学習に取り組む態度」は方向目標を示しています。
○筆者の疑問がどのように明らかになっていくかに着目して読み，筆者の考えの進め方を確かめようとする。

評価規準

》知識・技能
○筆者の視点を表す言葉の働きに気づいている。
○文の主述関係や，修飾被修飾の関係，指示語や接続語の表す言葉などを正しく理解して文章を読んでいる。
○新しく習う漢字を正しく読んだり書いたりしている。

　　　　　　　　　　　　　　　　　　　　　　　　　● 対応する学習指導要領の項目：(1) ア，エ，カ

》思考・判断・表現
○事実と考えとの関係を考えながら，筆者の考えや主張を読み取り，自分の考えをまとめている。

　　　　　　　　　　　　　　　　　　　　　　　　　● 対応する学習指導要領の項目：C (1) ア

》主体的に学習に取り組む態度
○筆者の疑問がどのように明らかになっていくかに着目して読み，筆者の考えの進め方を確かめている。

学習活動

小単元名	時数	学習活動	学習の過程
「落ち葉」ではなく「落ちえだ」	2	○筆者の疑問と，確かめてわかった事実，それに基づいた結論を，順に読み取る。	構造と内容の把握
		○説明内容のあらましをつかみ，筆者の考え（結論）を読み取っていく手順を確かめる。 ・筆者が投げかけている疑問を読み取る。（つぶやき①） ・筆者の考えが動き始めたことを読み取る。（つぶやき②） ・筆者が実際に確かめてわかったことを読み取る。（つぶやき③） ・確かめた事実にもとづいた結論を読み取る。（つぶやき④）	精査・解釈 考えの形成
		○読み取った内容をふり返って，文章の構成を確かめる。	考えの形成　共有

4年 学図　　　　　　　　　　　教科書【下】：p.28〜33　配当時数：8時間　配当月：11月

2 効果的に伝わるように書こう

クラブのしょうかいチラシを作ろう／身の回りのメディアを研究しよう

主領域　B書くこと　　領域　A話すこと・聞くこと
関連する道徳の内容項目　A個性の伸長

到達目標

≫知識・技能
○言葉には，考えたことや思ったことを表す働きがあることに気づくことができる。
○様子や行動，気持ちや性格を表す語句の量を増し，文や文章の中で使い語彙を豊かにすることができる。
○新しく習う漢字を正しく読んだり書いたりすることができる。

≫思考・判断・表現
○自分の考えとそれを支える理由や事例との関係を明確にして，書き表し方を工夫することができる。
○間違いを正したり，相手や目的を意識した表現になっているかを確かめたりして，文や文章を整えることができる。
○目的を意識して，集めた材料を比較したり分類したりして，伝え合うために必要な事柄を選ぶことができる。
○互いの考えを伝えるなどして，グループで話し合う活動ができる。

≫主体的に学習に取り組む態度　※「主体的に学習に取り組む態度」は方向目標を示しています。
○自分が入っているクラブ活動について，その楽しさを3年生に紹介するためのチラシを作ろうとする。
○身の回りのメディアに関心をもち，調べて発表しようとする。

評価規準

≫知識・技能
○考えたことや思ったことを言葉で表している。
○クラブ活動の様子を紹介する言葉やキャッチコピーの言葉を考えて，文章の中で使っている。
○新しく習う漢字を正しく読んだり書いたりしている。
　　　　　　　　　　　　　　　　　　　　　　　　●対応する学習指導要領の項目：(1) ア，エ，キ

≫思考・判断・表現
○自分が好きな包装紙について，好きだと思った理由を書き出している。
○書いたチラシを読み返して，間違いを直したり，3年生に興味をもってもらえるような表現になっているかを確かめたりしている。
　　　　　　　　　　　　　　　　　　　　　　　　●対応する学習指導要領の項目：B (1) ウ，エ
○いろいろなお菓子の包装紙を集め，お菓子の種類やキャラクターなどの観点で分類し，伝え合うために必要な事柄を選んでいる。
○身の回りのメディアについて，調べたことをもとにして，考えを発表したり話し合ったりしている。
　　　　　　　　　　　　　　　　　　　　　　　　●対応する学習指導要領の項目：A (1) ア　(2) ウ

>> **主体的に学習に取り組む態度**
○自分が入っているクラブ活動について，その楽しさを3年生に紹介するためのチラシを作っている。
○身の回りにある包装紙や箱について，観点を決めて調べ，その特徴を発表しようとしている。

学習活動

小単元名	時数	学習活動	学習の過程
クラブのしょうかいチラシを作ろう	5	○28ページ下段を読み，学習のめあてと学習の流れを確かめる。	見通し
		○自分が所属しているクラブ活動の内容や楽しさなど，クラブのおすすめを書き出す。	題材の選定
		○紹介したいことのよさをキャッチコピーに表す。	考えの形成
		○紹介したい内容を説明するボディコピーを書く。	記述　推敲
		○クラブを紹介するチラシを作る。	表現
		○チラシを紹介し合い，感想を伝え合う。	共有
身の回りのメディアを研究しよう	3	○メディアについて調べたことをもとに，発表したり話し合ったりする。	話題の設定
		○お菓子の包装紙や箱から好きなものを選び，イメージマップの手法で，好きだと思う理由を書き出して話し合う。	情報の収集
		○クラスみんなで詳しく調べて，特徴や気づいたことを発表し合う。	表現　共有
		○メディアに関連する商品の特徴を表にまとめ，自分との関係を考えて話し合う。	考えの形成

4年

4年　学図　　　　　　　　　　　　　　　教科書【下】：p.34〜37　配当時数：3時間　配当月：11月

言葉のいずみ1

熟語の組み合わせと読み方

到達目標

》知識・技能
○熟語の組み立てを理解し，文の中で正しく使うことができる。
○言葉には性質や役割による語句のまとまりがあることを理解し，語彙を豊かにすることができる。
○新しく習う漢字を正しく読んだり書いたりすることができる。

》主体的に学習に取り組む態度　※「主体的に学習に取り組む態度」は方向目標を示しています。
○熟語のさまざまな構成を理解し，文の中で適切な熟語を使おうとする。

評価規準

》知識・技能
○熟語の組み立てを理解し，文の中で正しく使っている。
○反対の意味の漢字を合わせた熟語，似た意味の漢字を合わせた熟語，上の漢字が下の漢字の意味を打ち消す熟語，同じ読み方の熟語のまとまりを理解している。
○新しく習う漢字を正しく読んだり書いたりしている。

　　　　　　　　　　　　　　　　　　　　　　　　　　　　●対応する学習指導要領の項目：(1) ウ，エ，オ

》主体的に学習に取り組む態度
○熟語のさまざまな構成を理解し，意味を考えて熟語を使い分けている。

学習活動

小単元名	時数	学習活動	学習の過程
熟語の組み合わせと読み方	3	○34〜37ページの設問に取り組みながら，熟語の構成について理解する。 ・反対の意味の漢字を組み合わせた熟語 ・似た意味の漢字を組み合わせた熟語 ・上の漢字が下の漢字の意味を打ち消す二字熟語 ・上の漢字が下の熟語の意味を打ち消す三字熟語 ・同じ読み方の熟語の意味	

4年　学図　　　教科書【下】：p.38〜39　配当時数：7時間　配当月：11月

ゆたかに表現しよう
心に残っていること

主領域　B書くこと

関連する道徳の内容項目　A節度，節制／個性の伸長

到達目標

》知識・技能
○言葉には，考えたことや思ったことを表す働きがあることに気づくことができる。
○丁寧な言葉を使うとともに，敬体と常体の違いに注意しながら書くことができる。
○新しく習う漢字を正しく読んだり書いたりすることができる。

》思考・判断・表現
○自分の考えとそれを支える理由や事例との関係を明確にして，書き表し方を工夫することができる。
○書こうとしたことが明確になっているかなど，文章に対する感想や意見を伝え合い，自分の文章のよいところを見つけることができる。
○詩をつくるなど，感じたことや想像したことを書く活動ができる。

》主体的に学習に取り組む態度　※「主体的に学習に取り組む態度」は方向目標を示しています。
○作文や日記を読み返し，心に残ったことや感じたことを詩で表そうとする。

評価規準

》知識・技能
○これまでに書いた作文や日記から，考えたことや思ったことを表す言葉を見つけている。
○詩に表すとき，敬体表現がいいのか常体表現がいいのかを考えて書いている。
○新しく習う漢字を正しく読んだり書いたりしている。
　　　　　　　　　　　　　　　　　　　　　　　　　　対応する学習指導要領の項目：(1) ア，エ，キ

》思考・判断・表現
○自分が考えたこととその理由がよくわかるように工夫して書いている。
○書いた詩を友達と読み合い，感想を伝え合って自分の文章のよいところを見つけている。
○作文や日記から心に残っていることを詩に書く活動をしている。
　　　　　　　　　　　　　　　　　　　　　　　対応する学習指導要領の項目：B (1) ウ，オ　(2) ウ

》主体的に学習に取り組む態度
○これまでに書いた作文や日記を読み返し，心に残ったことや感じたことを取り出して，そのまま生かすなど工夫をして詩で表している。

学習活動

小単元名	時数	学習活動	学習の過程
心に残っていること①	1	○全文を読み，学習のめあてをつかむ。	見通し
心に残っていること②	5	○日常の中の心に残っている出来事を，表現を工夫して詩に書く。	記述　推敲
		・これまでに書いた作文や日記を読み返す。 ・心に残っていることを取り出す。	情報の収集
		・文末表現を変える，書いてあることをそのまま生かすなど，表現を工夫して詩に書く。	記述　推敲
心に残っていること③	1	○書いた詩を読み合い，感想を伝え合う。	共有

| 4年 | 学図 | 教科書【下】：p.40～40　配当時数：1時間　配当月：12月 |

漢字の広場1

四年生で学ぶ漢字

到達目標

≫知識・技能
○新しく習う漢字を正しく読んだり書いたりすることができる。

≫主体的に学習に取り組む態度　※「主体的に学習に取り組む態度」は方向目標を示しています。
○40ページに出てくる新出漢字を声に出して読んだりノートに書き写したりしようとする。

評価規準

≫知識・技能
○新しく習う漢字を正しく読んだり書いたりしている。

　　　　　　　　　　　　　　　　　　　　　　　　　●対応する学習指導要領の項目：(1) エ

≫主体的に学習に取り組む態度
○40ページに出てくる新出漢字を，声に出して読んだりノートに書き写したりしている。

学習活動

小単元名	時数	学習活動	学習の過程
四年生で学ぶ漢字	1	○40ページに出てくる新出漢字を読み書きする。	

| 4年 | 学図 |

教科書【下】：p.41〜41　配当時数：1時間　配当月：12月

言葉をつないで文を作ろう1
3年生で習った漢字①

主領域　B書くこと

到達目標

知識・技能
○第3学年までに配当されている漢字を，文や文章の中で使うことができる。

思考・判断・表現
○絵や目的に合った漢字を使って文を書いたり，間違いを正したりすることができる。

主体的に学習に取り組む態度　※「主体的に学習に取り組む態度」は方向目標を示しています。
○41ページの言葉を使って，絵に合った文を書こうとする。

評価規準

知識・技能
○3年生で学習した漢字を使って文や文章を作っている。
　　　　　　　　　　　　　　　　　　　　　　　　●対応する学習指導要領の項目：(1) エ

思考・判断・表現
○絵や目的に合った漢字を使って文を書いたり，間違いを正したりしている。
　　　　　　　　　　　　　　　　　　　　　　　　●対応する学習指導要領の項目：B (1) エ

主体的に学習に取り組む態度
○41ページの言葉を使って，夏休みの自由研究や学習の様子を表す文を書いている。

学習活動

小単元名	時数	学習活動	学習の過程
3年生で習った漢字①	1	○41ページにある言葉を使って，夏休みの自由研究や学習の様子を表す文を作る。 ・間違いがないか確かめる。	推敲

| 4年 | 学図 | 教科書【下】：p.42〜61　配当時数：10時間　配当月：12月 |

3 人物の関係と気持ちの変化を読もう
ごんぎつね

主領域　C読むこと

関連する道徳の内容項目　A正直，誠実　B親切，思いやり

到達目標

≫知識・技能
○言葉には，考えたことや思ったことを表す働きがあることに気づくことができる。
○新しく習う漢字を正しく読んだり書いたりすることができる。

≫思考・判断・表現
○登場人物の行動や気持ちなどについて，叙述をもとに捉えることができる。
○登場人物の気持ちの変化や性格，情景について，場面の移り変わりと結び付けて具体的に想像することができる。
○文章を読んで理解したことに基づいて，感想や考えをもつことができる。
○文章を読んで感じたことや考えたことを共有し，一人一人の感じ方に違いがあることに気づくことができる。
○物語を読み，内容を説明したり，考えたことなどを伝え合ったりする活動ができる。

≫主体的に学習に取り組む態度　※「主体的に学習に取り組む態度」は方向目標を示しています。
○人物と人物の関係をつかみ，場面の移り変わりによる気持ちの変化を想像しようとする。

評価規準

≫知識・技能
○「ごんぎつね」を読んで，考えたことや思ったことを表す言葉を見つけている。
○新しく習う漢字を正しく読んだり書いたりしている。

　　　　　　　　　　　　　　　　　　　　　　　　　●対応する学習指導要領の項目：(1) ア，エ

≫思考・判断・表現
○ごんや兵十の行動，気持ちについて，叙述をもとに捉えている。
○ごんや兵十の気持ちの変化を，場面の移り変わりと結び付けて具体的に想像している。
○「ごんぎつね」の最後の一文の効果について，自分の考えをもっている。
○「ごんぎつね」を読んで感じたことや考えたことを友達と交流し，感じ方に違いがあることに気づいている。
○「ごんぎつね」を読み，ごんや兵十の心情の変化や，それについて考えたことなどを伝え合う活動をしている。

　　　　　　　　　　　　　　　　　　　　　　●対応する学習指導要領の項目：C (1) イ，エ，オ，カ　(2) イ

≫主体的に学習に取り組む態度
○ごんと兵十の関係をつかみ，場面が変わることによって，その関係や二人の気持ちに変化があるのかに着目しながら物語を読んでいる。

学習活動

小単元名	時数	学習活動	学習の過程
ごんぎつね①	2	○60・61ページ「学習のてびき」を読み,学習のめあてを確かめる。	見通し
		○全文を読んで,初発の感想をもつ。	構造と内容の把握
		・初発の感想を書き,話し合う。	考えの形成　共有
ごんぎつね②	6	○場面ごとに,情景や人物の心情の変化を想像しながら読む。 ・いたずらするごんの様子や気持ち ・いたずらを後悔するまでのごんの様子や気持ち ・つぐないをするごんの様子や思い ・兵十と加助の話を聞くごんの様子 ・兵十と加助の話を聞いたごんの様子や気持ち ・ごんと兵十のそれぞれの思い	精査・解釈
ごんぎつね③	1	○兵十に対するごんの気持ちの変化を考える。	考えの形成　共有
ごんぎつね④	1	○物語の終わり方について話し合う。 ・最後の一文がある場合とない場合で,感じ方に違いはあるか考える。	考えの形成　共有

| 4年 | 学図 | | 教科書【下】：p.62〜63　配当時数：2時間　配当月：12月 |

日本各地の短歌

関連する道徳の内容項目　C伝統と文化の尊重，国や郷土を愛する態度

到達目標

》知識・技能
○易しい文語調の短歌を音読したり暗唱したりするなどして，言葉の響きやリズムに親しむことができる。
○新しく習う漢字を正しく読んだり書いたりすることができる。

》主体的に学習に取り組む態度　※「主体的に学習に取り組む態度」は方向目標を示しています。
○地域にゆかりのある短歌に触れるとともに，都道府県名の漢字を覚えようとする。

評価規準

》知識・技能
○地域にゆかりのある短歌を音読したり暗唱したりして，言葉の響きやリズムを楽しんでいる。
○新しく習う漢字を正しく読んだり書いたりしている。

対応する学習指導要領の項目：(1) エ　(3) ア

》主体的に学習に取り組む態度
○地域にゆかりのある短歌に触れるとともに，都道府県名の漢字を覚えようとしている。

学習活動

小単元名	時数	学習活動	学習の過程
日本各地の短歌	2	○教科書の短歌を理解し，音読したり暗唱したりする。 ○自分が住んでいるところとつながりのある短歌を調べて紹介する。 ○日本全国の都道府県名の漢字を学習する。	

| 4年 | 学図 | | 教科書【下】：p.64〜67　配当時数：1時間　配当月：12月 |

読書を広げよう

生活の中に生きている読書／読書の部屋

到達目標

≫知識・技能
○幅広く読書に親しみ，読書が，必要な知識や情報を得ることに役立つことに気づくことができる。
○新しく習う漢字を正しく読んだり書いたりすることができる。

≫主体的に学習に取り組む態度　※「主体的に学習に取り組む態度」は方向目標を示しています。
○読みたい本について話し合ったり，探して読んだりする。

評価規準

≫知識・技能
○66・67ページで紹介されている本を読むなど，幅広く読書に親しんでいる。
○新しく習う漢字を正しく読んだり書いたりしている。

　　　　　　　　　　　　　　　　　　　　　　　　　対応する学習指導要領の項目：(1) エ　(3) オ

≫主体的に学習に取り組む態度
○これまでに読んだ本やこれから読みたい本について話し合ったり，図書館や書店で探して読んだりしている。

学習活動

小単元名	時数	学習活動	学習の過程
生活の中に生きている読書／読書の部屋	1	○読みたい本について話し合ったり，探して読んだりする。 ・66・67ページ「読書の部屋」を参考にして，読みたい本について話し合ったり，探したりする。 ・読みたい本を選んで読む。	

| 4年 | 学図 | | 教科書【下】：p.68〜69　配当時数：1時間　配当月：1月 |

季節のたより

冬

到達目標

≫知識・技能
○言葉には性質や役割による語句のまとまりがあることを理解し，語彙を豊かにすることができる。
○易しい文語調の俳句を音読するなどして，言葉の響きやリズムに親しむことができる。

≫主体的に学習に取り組む態度　※「主体的に学習に取り組む態度」は方向目標を示しています。
○季節に対するものの見方や感じ方に注意して，冬を感じる言葉について考えようとする。

評価規準

≫知識・技能
○教科書の写真や俳句から冬を感じる語句を探し，文章の中で使うとともに語彙を豊かにしている。
○山口誓子，正岡子規の俳句を音読し，言葉の響きやリズムに親しんでいる。
　　　　　　　　　　　　　　　　　　　　　　　　　　● 対応する学習指導要領の項目：(1) オ　(3) ア

≫主体的に学習に取り組む態度
○季節に対するものの見方や感じ方に注意して，冬を感じた経験を詩に表そうとしている。

学習活動

小単元名	時数	学習活動	学習の過程
冬	1	○68・69ページの言葉にまつわる体験を思い出す。 ○教科書の言葉のほかにも冬に関わる言葉を出し合い，詩を書き，紹介し合う。	

| 4年 | 学図 | 教科書【下】：p.70〜77　配当時数：10時間　配当月：1月 |

4 資料を作って発表しよう
ドリームツリーを作ろう

主領域 A話すこと・聞くこと

関連する道徳の内容項目 A希望と勇気，努力と強い意志

到達目標

≫知識・技能
○相手を見て話したり聞いたりするとともに，言葉の抑揚や強弱，間の取り方などに注意して話すことができる。
○丁寧な言葉を使うとともに，敬体と常体の違いに注意しながら書くことができる。
○新しく習う漢字を正しく読んだり書いたりすることができる。

≫思考・判断・表現
○目的を意識して，集めた材料を比較したり分類したりして，伝え合うために必要な事柄を選ぶことができる。
○相手に伝わるように，理由や事例を挙げながら，話の中心が明確になるよう話の構成を考えることができる。
○話の中心や場面を意識して，言葉の抑揚や強弱，間の取り方などを工夫することができる。
○必要なことを記録したり質問したりしながら聞き，話し手が伝えたいことの中心を捉え，自分の考えをもつことができる。
○自分の夢について考えたことを話したり，それらを聞いたりする活動ができる。

≫主体的に学習に取り組む態度　※「主体的に学習に取り組む態度」は方向目標を示しています。
○将来の夢について，実現のための手段などを具体的に考えようとする。
○夢についてまとめたことを，資料を使いながらみんなに発表しようとする。

評価規準

≫知識・技能
○資料を指さしたり，聞き手の反応を見たりしながら話している。
○自分の夢を具体的に考えて，ドリームツリーの各部分を書いている。
○新しく習う漢字を正しく読んだり書いたりしている。
　　　　　　　　　　　　　　　　　　　　　　　　　　　●対応する学習指導要領の項目：(1) イ，エ，キ

≫思考・判断・表現
○将来の夢について，夢をかなえるためにどんなことをするか，夢が叶ったらどんなことをするかなど考え，付箋に書いて集めている。
○夢の実現までの計画や，努力することなどがよくわかるように，話の構成を考えている。
○聞いている人に思いや考えが伝わるように，声の大きさや速さ，間の取り方などを工夫して話している。
○友達の夢の話を，分からないところなどは質問しながら聞き，感想をもっている。
○夢について考えたことを話したり聞いたりする活動をしている。
　　　　　　　　　　　　　　　　　　　　　　　　　●対応する学習指導要領の項目：A (1) ア，イ，ウ，エ　(2) ア

≫主体的に学習に取り組む態度

○将来の夢について、実現のための手段などを具体的に考えてドリームツリーを作っている。
○夢についてまとめたことを、資料を指さしたりみんなの反応を見たりしながら発表している。

学習活動

小単元名	時数	学習活動	学習の過程
ドリームツリーを作ろう①	2	○70ページ下段を読み、学習のめあてと学習の流れを確かめる。 ・71ページを見て、「ドリームツリー」とはどんなものか確かめる。	見通し
		○自分の将来の夢について考える。	内容の検討
ドリームツリーを作ろう②	3	○夢を実現するための手段や方法を考えて、ドリームツリーに書いていく。	考えの形成
		・教科書①～④の書き方の順に書き、ドリームツリーを完成させる。	表現
ドリームツリーを作ろう③	4	○ドリームツリー発表会を開いて、将来の夢を発表する。	表現　共有
		・ドリームツリーをもとに発表する内容や構成を考える。 ・「はじめ・中・終わり」の構成を考える。	構成の検討
		・発表前に練習を聞き合い、アドバイスし合う。	共有
		・友達の発表を聞いて、感想を伝え合う。	表現　共有
ドリームツリーを作ろう④	1	○自分の学習をふり返る。	ふり返り

| 4年 | 学図 | 教科書【下】：p.78〜86　配当時数：5時間　配当月：1月 |

5 自分の考えを深めるために読もう
さわっておどろく

主領域　C読むこと

関連する道徳の内容項目　B親切，思いやり　C規則の尊重

到達目標

≫知識・技能
○言葉には，考えたことや思ったことを表す働きがあることに気づくことができる。
○考えとそれを支える理由や事例，全体と中心など情報と情報との関係について理解することができる。
○新しく習う漢字を正しく読んだり書いたりすることができる。

≫思考・判断・表現
○段落相互の関係に着目しながら，考えとそれを支える理由や事例との関係などについて，叙述をもとに捉えることができる。
○文章を読んで理解したことに基づいて，感想や考えをもつことができる。
○文章を読んで感じたことや考えたことを共有し，一人一人の感じ方に違いがあることに気づくことができる。

≫主体的に学習に取り組む態度　※「主体的に学習に取り組む態度」は方向目標を示しています。
○筆者の体験と考えを関係付けながら読み，筆者の考えに対する自分の考えをもとうとする。

評価規準

≫知識・技能
○「さわっておどろく」を読んで，考えたことや思ったことを表す言葉を見つけている。
○筆者の考えとそれを支える体験など，情報と情報との関係を理解している。
○新しく習う漢字を正しく読んだり書いたりしている。

　　　　　　　　　　　　　　　　　　　　　　　●対応する学習指導要領の項目：(1)ア，エ　(2)ア

≫思考・判断・表現
○筆者の体験を年代ごとに読み取り，その体験から生まれた考えを叙述をもとに捉えている。
○文章を読んで理解したことに基づいて，感想や考えをもっている。
○「さわっておどろく」を読んで感じたことや考えたことを友達と交流し，感じ方に違いがあることに気づいている。

　　　　　　　　　　　　　　　　　　　　　　　●対応する学習指導要領の項目：C(1)ア，オ，カ

≫主体的に学習に取り組む態度
○筆者の体験と考えを関係付けながら読み，筆者の考えに対する自分の考えをもっている。

学習活動

小単元名	時数	学習活動	学習の過程
さわっておどろく①	1	○85・86ページ「学習のてびき」を読み，学習のめあてを確かめる。	見通し
		○目の不自由な人のための設備・表示や点字について，知っていることなどを発表する。 ○全文を読み，内容のあらましをつかむ。	構造と内容の把握
		○初発の感想を話し合う。	考えの形成　共有
さわっておどろく②	3	○まとまりごとに，事実と考えを関係付けながら，主張を読み取る。 ○詳しく読んだことをもとにして，事実と考えの関係を整理する。 ・85ページ上段の表に，年代ごとにまとめる。 ○筆者の考えの結論をまとめる。 ・筆者がどんな体験をして，考えがどのように深まったかに着目する。	精査・解釈
さわっておどろく③	1	○筆者の考えについて，自分の考えや感想をまとめ，話し合う。	考えの形成　共有

4年　学図　　　　　　　　　　　　　教科書【下】：p.87〜87　配当時数：1時間　配当月：1月

言葉をつないで文を作ろう2

3年生で習った漢字②

主領域　B書くこと

到達目標

知識・技能
○第3学年までに配当されている漢字を，文や文章の中で使うことができる。

思考・判断・表現
○絵や目的に合った漢字を使って文を書いたり，間違いを正したりすることができる。

主体的に学習に取り組む態度　※「主体的に学習に取り組む態度」は方向目標を示しています。
○87ページの言葉を使って，絵に合った文を書こうとする。

評価規準

知識・技能
○3年生で学習した漢字を使って文や文章を作っている。
　　　　　　　　　　　　　　　　　　　　　　　　　●対応する学習指導要領の項目：(1)エ

思考・判断・表現
○絵や目的に合った漢字を使って文を書いたり，間違いを正したりしている。
　　　　　　　　　　　　　　　　　　　　　　　　　●対応する学習指導要領の項目：B(1)エ

主体的に学習に取り組む態度
○87ページの言葉を使って，各地の風景や出来事を伝える文を書いている。

学習活動

小単元名	時数	学習活動	学習の過程
3年生で習った漢字②	1	○87ページにある言葉を使って，各地の風景や出来事を伝える文を作る。 ・間違いがないか確かめる。	推敲

4年 学図 　　　　　教科書【下】：p.88〜91　配当時数：10時間　配当月：1〜2月

考えたものを文章に書こう
こんなアイデア，どうかな

主領域　B書くこと

到達目標

知識・技能
○主語と述語との関係，修飾と被修飾との関係，指示語や接続語の役割，段落の役割について理解することができる。
○丁寧な言葉を使うとともに，敬体と常体の違いに注意しながら書くことができる。

思考・判断・表現
○相手や目的を意識して誰もが暮らしやすい社会になるためのアイデアを考え，選ぶことができる。
○書く内容の中心を明確にするための文章構成を考えることができる。
○書こうとしたことが明確になっているかなど，文章に対する感想や意見を伝え合い，自分の文章のよいところを見つけることができる。

主体的に学習に取り組む態度　※「主体的に学習に取り組む態度」は方向目標を示しています。
○身の回りにあるものについて，誰もが暮らしやすい社会になるためのアイデアを出そうとする。

評価規準

知識・技能
○文の主述関係や，修飾被修飾の関係，指示語や接続語の使い方などを正しく理解して文章を書いている。
○丁寧な言葉を使い，敬体表現で文章を書いている。
　　　　　　　　　　　　　　　　　　　　　　　● 対応する学習指導要領の項目：(1) カ，キ

思考・判断・表現
○誰もが暮らしやすい社会になるためのアイデアを考え，選んでいる。
○誰もが暮らしやすい社会になるためのアイデアを明確にするための文章構成を考えている。
○書いた文章を友達と読み合い，よいと思ったところなどを伝え合っている。
　　　　　　　　　　　　　　　　　　　　　　　● 対応する学習指導要領の項目：B (1) ア，イ，オ

主体的に学習に取り組む態度
○身の回りにあるものについて，誰もが暮らしやすい社会になるためのアイデアを考えて文章に書いている。

学習活動

小単元名	時数	学習活動	学習の過程
こんなアイデア，どうかな①	3	○88〜91ページを読み，学習の流れを確かめる。	見通し
		・身の回りにあるものを思い出し，暮らしやすい社会になるようなアイデアを考え，書き出し，伝え合う。	題材の設定 情報の収集

こんなアイデア，どうかな②	3	○考えたアイデアを，90ページのような観点で表にまとめる。	構成の検討
こんなアイデア，どうかな③	3	○表をもとに，まとまりを考えながら文章に書く。 ・「はじめ」…問題提起，「中」…改良案，「終わり」…意見のまとめというように文章をまとめていく。	記述　推敲
こんなアイデア，どうかな④	1	○書いた文章を読み合い，考えたことや感想を伝え合う。	共有

| 4年 | 学図 |

教科書【下】：p.92〜93　配当時数：2時間　配当月：2月

言葉のきまり1
形の変わる言葉

到達目標

≫知識・技能
○動詞や形容詞が，文の形によって変化することを理解することができる。
○新しく習う漢字を正しく読んだり書いたりすることができる。

≫主体的に学習に取り組む態度　※「主体的に学習に取り組む態度」は方向目標を示しています。
○文の形によって言葉の形が変わることを理解し，文に合った適切な言葉を使おうとする。

評価規準

≫知識・技能
○動詞や形容詞が，文の形によって自動詞・他動詞・転成名詞に変化することを理解している。
○新しく習う漢字を正しく読んだり書いたりしている。

対応する学習指導要領の項目：(1) ウ，エ

≫主体的に学習に取り組む態度
○文の形によって言葉の形が変わることを理解し，文に合った適切な言葉を使っている。

学習活動

小単元名	時数	学習活動	学習の過程
形の変わる言葉	2	○92ページ上段を読み，動詞の変化について理解する。 ・助詞「ーが・ーを・ーの」の違いで，動きを表す言葉(動詞)の形が変わる。 ○93ページ上段を読み，形容詞の変化について理解する。 ・「〜がどんなだ」「〜が(を)どうする」「〜のなに」という文型の違いで，様子を表す言葉(形容詞)の形が変わる。 ○93ページ下段の問題に取り組む。	

| 4年 | 学図 | | 教科書【下】：p.94〜95　配当時数：2時間　配当月：2月 |

言葉のいずみ2
類義語

到達目標

≫知識・技能
○言葉には性質や役割による語句のまとまりがあることを理解し，語彙を豊かにすることができる。
○新しく習う漢字を正しく読んだり書いたりすることができる。

≫主体的に学習に取り組む態度　※「主体的に学習に取り組む態度」は方向目標を示しています。
○類義語に関心をもち，意味の違いや働きを考えて適切に使おうとする。

評価規準

≫知識・技能
○類義語の意味・用法を理解し，文の中で正しく使っている。
○新しく習う漢字を正しく読んだり書いたりしている。

対応する学習指導要領の項目：(1) エ，オ

≫主体的に学習に取り組む態度
○類義語について理解し，意味の違いや働きを考えて文の中で適切に使っている。

学習活動

小単元名	時数	学習活動	学習の過程
類義語	2	○「にぎる」と「つかむ」をもとに類義語の意味を理解する。 ○95ページの設問に取り組み，類義語の使い方を理解する。	

| 4年 | 学図 |

教科書【下】：p.96〜101　配当時数：10時間　配当月：2〜3月

想像を広げよう

これであなたも作家になれる

主領域　B書くこと

関連する道徳の内容項目　A個性の伸長

到達目標

≫知識・技能
○言葉には，考えたことや思ったことを表す働きがあることに気づくことができる。

≫思考・判断・表現
○書く内容の中心を明確にし，文章の構成を考えることができる。
○文章に対する感想や意見を伝え合い，自分の文章のよいところを見つけることができる。
○感じたことや想像したことを書く活動ができる。

≫主体的に学習に取り組む態度　※「主体的に学習に取り組む態度」は方向目標を示しています。
○起承転結を意識しながら，想像を広げて物語を書こうとする。

評価規準

≫知識・技能
○考えたことや思ったことを表す言葉を使って文を書いている。

　　　　　　　　　　　　　　　　　　　　　　　　　●対応する学習指導要領の項目：(1) ア

≫思考・判断・表現
○起承転結のどの部分を書くのかを意識して，物語を書いている。
○書いた文章を友達と読み合って感想を伝え合い，自分の文章のよいところを見つけている。
○4コマ漫画を使って，起承転結のある部分の展開を考えたり全体の物語を考えたりしている。

　　　　　　　　　　　　　　　　　　　　　　　　●対応する学習指導要領の項目：B (1) イ，オ　(2) ウ

≫主体的に学習に取り組む態度
○起承転結の展開を意識しながら，想像を広げて物語を書こうとしている。

学習活動

小単元名	時数	学習活動	学習の過程
これであなたも作家になれる①	1	○「4コマ漫画をもとにして物語を書く」という学習のめあてを確かめる。	見通し
これであなたも作家になれる②	1	○4コマ漫画の起承転結の構成について理解する。	構造と内容の把握

これであなたも作家になれる③	1	○4コマ漫画の「終わり」を考えて話し合う。 ・考えた理由や根拠を明確にして話し合う。	考えの形成　共有
これであなたも作家になれる④	6	○100ページの4コマ漫画をもとにして，物語を書く。 ・101ページの表を参考にして，起承転結を考えて物語を書く。	記述　推敲
これであなたも作家になれる⑤	1	○出来上がった物語を読み合って，感想を話し合う。	共有

| 4年 | 学図 | 教科書【下】：p.102～119　配当時数：6時間　配当月：3月 |

6 表現に着目して読もう
世界でいちばんやかましい音

主領域　C読むこと

関連する道徳の内容項目　A節度，節制　C規則の尊重

到達目標

≫知識・技能
○様子や行動，気持ちや性格を表す語句の量を増し，話や文章の中で使うことができる。
○文章全体の構成や内容の大体を意識しながら音読することができる。
○新しく習う漢字を正しく読んだり書いたりすることができる。

≫思考・判断・表現
○登場人物の行動や気持ちなどについて，叙述をもとに捉えることができる。
○文章を読んで理解したことに基づいて，感想や考えをもつことができる。
○文章を読んで感じたことや考えたことを共有し，一人一人の感じ方に違いがあることに気づくことができる。
○物語を読み，内容を説明したり，考えたことなどを伝え合ったりする活動ができる。

≫主体的に学習に取り組む態度　※「主体的に学習に取り組む態度」は方向目標を示しています。
○物語の展開や表現のおもしろさに着目して読み，物語の構成や人物の心情の変化の書き方の工夫を見つけようとする。

評価規準

≫知識・技能
○「世界でいちばんやかましい音」を読んで，様子や行動，気持ちや性格を表す言葉を見つけている。
○物語の最初と最後での町の様子の変化や，王子様の様子などを意識しながら音読している。
○新しく習う漢字を正しく読んだり書いたりしている。

　　　　　　　　　　　　　　　　　　　　　　　　　　●対応する学習指導要領の項目：(1) エ，オ，ク

≫思考・判断・表現
○世界中の人々や王子様の行動，気持ちについて，叙述をもとに捉えている。
○「世界でいちばんやかましい音」を読んで理解したことに基づいて，感想や考えをもっている。
○「世界でいちばんやかましい音」を読んで感じたことや考えたことを友達と交流し，感じ方に違いがあることに気づいている。
○物語を読み，内容を説明したり，考えたことなどを伝え合ったりする活動をしている。

　　　　　　　　　　　　　　　　　　　　　●対応する学習指導要領の項目：C (1) イ，オ，カ　(2) イ

≫主体的に学習に取り組む態度
○「世界でいちばんやかましい音」を，話の展開や表現のおもしろさに着目して読み，人物の心情の書き方の工夫を見つけようとしている。

学習活動

小単元名	時数	学習活動	学習の過程
世界でいちばんやかましい音①	1	○118・119ページ「学習のてびき」を読み，学習のめあてを確かめる。	見通し
世界でいちばんやかましい音②	4	○物語を四つの場面に分けて詳しく読む。 ・物語の起承転結を読み取る。 ・王子様の願いと，世界中の人々の考えや行動を読み取る。 ・世界中の人々の行動の結果，どうなったのかを読み取る。 ・変化の後に起こったことを読み取る。	構造と内容の把握 精査・解釈
		○この物語のおもしろさを見つけて話し合う。 ○おもしろさの中から問いを作り，読みを深める。	考えの形成
世界でいちばんやかましい音③	1	○都の様子が変わった後の町の人々や王子様に言ってあげたいことを考え，伝え合う。	考えの形成　共有

4年　学図　　　　　　　　　　　　　　教科書【下】：p.120〜121　配当時数：2時間　配当月：3月

みんなに伝えよう
感謝の気持ちを話そう

主領域　A話すこと・聞くこと
関連する道徳の内容項目　B感謝

到達目標

知識・技能
○相手を見て話したり聞いたりするとともに，言葉の抑揚や強弱，間の取り方に気をつけて話すことができる。
○丁寧な言葉を使うとともに，敬体と常体の違いに注意することができる。

思考・判断・表現
○目的を意識して，日常生活の中から話題を決め，伝え合うために必要な事柄を選ぶことができる。
○話の中心や話す場面を意識して，言葉の抑揚や強弱，間の取り方などを工夫することができる。
○質問するなどしながら話を聞き，話し手が伝えたいことの中心を捉え，自分の考えをもつことができる。

主体的に学習に取り組む態度　※「主体的に学習に取り組む態度」は方向目標を示しています。
○周囲の人への感謝の気持ちをスピーチしようとする。

評価規準

知識・技能
○聞く人の反応を見ながら，間の取り方に気をつけて話している。
○丁寧な言葉を使って話している。
　　　　　　　　　　　　　　　　　　　　　　　　　　　　　●対応する学習指導要領の項目：(1) イ，キ

思考・判断・表現
○お世話になった人のことを話すため，お世話になった出来事や理由などを集めて整理している。
○声の大きさや速さ，間の取り方などを工夫しながら，クラスのみんなの前で話している。
○友達が話したことをよく聞いて質問するなどしながら話し手が伝えたいことの中心を捉え，自分の考えをもっている。
　　　　　　　　　　　　　　　　　　　　　　　　　　　　　●対応する学習指導要領の項目：A (1) ア，ウ，エ

主体的に学習に取り組む態度
○自分がこれまでにお世話になった出来事を思い出し，お世話になった人への感謝の気持ちをスピーチしている。

学習活動

小単元名	時数	学習活動	学習の過程
感謝の気持ちを話そう	2	○121ページを読み，感謝の気持ちを表すスピーチの仕方を理解する。	内容の検討 題材の設定
		○お世話になった人について，出来事や理由を挙げて感謝の気持ちをスピーチする。	情報の収集　表現　共有

| 4年 | 学図 | | 教科書【下】：p.122〜122　配当時数：1時間　配当月：3月 |

漢字の広場2
四年生で学ぶ漢字

到達目標

>> 知識・技能
○新しく習う漢字を正しく読んだり書いたりすることができる。

>> 主体的に学習に取り組む態度　※「主体的に学習に取り組む態度」は方向目標を示しています。
○122ページに出てくる新出漢字を声に出して読んだりノートに書き写したりしようとする。

評価規準

>> 知識・技能
○新しく習う漢字を正しく読んだり書いたりしている。

対応する学習指導要領の項目：(1) エ

>> 主体的に学習に取り組む態度
○122ページに出てくる新出漢字を，声に出して読んだりノートに書き写したりしている。

学習活動

小単元名	時数	学習活動	学習の過程
四年生で学ぶ漢字	1	○122ページに出てくる新出漢字を読み書きする。	

| 4年 | 学図 |

教科書【下】：p.123〜123　配当時数：1時間　配当月：3月

言葉をつないで文を作ろう3

3年生で習った漢字③

主領域　B書くこと

到達目標

≫知識・技能
○第3学年までに配当されている漢字を，文や文章の中で使うことができる。

≫思考・判断・表現
○絵や目的に合った漢字を使って文を書いたり，間違いを正したりすることができる。

≫主体的に学習に取り組む態度　※「主体的に学習に取り組む態度」は方向目標を示しています。
○123ページの言葉を使って，絵に合った文を書こうとする。

評価規準

≫知識・技能
○3年生で学習した漢字を使って文や文章を作っている。

対応する学習指導要領の項目：(1) エ

≫思考・判断・表現
○絵や目的に合った漢字を使って文を書いたり，間違いを正したりしている。

対応する学習指導要領の項目：B (1) エ

≫主体的に学習に取り組む態度
○123ページの言葉を使って，「ももたろう」と「かぐやひめ」のお話を書いている。

学習活動

小単元名	時数	学習活動	学習の過程
3年生で習った漢字③	1	○123ページにある言葉を使って，「ももたろう」と「かぐやひめ」のお話を作る。 ・間違いがないか確かめる。	推敲

| 4年 | 学図 |

教科書【下】：p.124〜125　配当時数：1時間　配当月：3月

これからのあなたへ
ぼくが　ここに

主領域　C読むこと

関連する道徳の内容項目　A個性の伸長　D生命の尊さ／感動，畏敬の念

到達目標

≫知識・技能
○言葉には，考えたことや思ったことを表す働きがあることに気づくことができる。

≫思考・判断・表現
○詩を読んで考えたことを共有し，一人一人の感じ方に違いがあることに気づくことができる。

≫主体的に学習に取り組む態度　※「主体的に学習に取り組む態度」は方向目標を示しています。
○詩の情景をおさえながら音読し，作者の思いについて考えようとする。

評価規準

≫知識・技能
○詩を読んで，作者の考えや思いを表す言葉を見つけている。
○作者の思いが表れるように工夫して音読している。

対応する学習指導要領の項目：(1) ア

≫思考・判断・表現
○詩の情景や作者の思いについて考えたことを友達と交流し，感じ方に違いがあることに気づいている。

対応する学習指導要領の項目：C (1) カ

≫主体的に学習に取り組む態度
○詩の情景をおさえながら音読し，作者の思いについて考えている。

学習活動

小単元名	時数	学習活動	学習の過程
ぼくが　ここに	1	○詩に描かれている作者の思いをとらえ，音読する。	考えの形成　共有
		・詩に描かれている作者の思いをとらえる。	精査・解釈
		・作者の思いが表れるように工夫して音読する。	考えの形成　共有

4年　学図　　　　　　　　　　　　　　　　　教科書【下】：p.126〜128　配当時数：2時間　配当月：3月

四年生の国語学習でついた力をたしかめよう
四年生をふり返って

主領域　B書くこと

到達目標

知識・技能
○敬体と常体の違いに注意しながら書くことができる。

思考・判断・表現
○相手や目的を意識して，経験したことや想像したことなどから書くことを選び，集めた材料を比較したり分類したりして，伝えたいことを明確にすることができる。

主体的に学習に取り組む態度　　※「主体的に学習に取り組む態度」は方向目標を示しています。
○1年間の学びをふり返り，今後の学習に生かそうとする。

評価規準

知識・技能
○1年間の学習でためになったことや，これからも続けたいことを，敬体と常体の違いに注意しながら書いている。
　　　　　　　　　　　　　　　　　　　　　　　　　　　　　　　　　　　　　対応する学習指導要領の項目：(1) キ

思考・判断・表現
○自分がいちばんがんばった学習，学んだこと，これからもがんばっていきたいことなどの中から書くことを選び，伝えたいことを明確にして書いている。
　　　　　　　　　　　　　　　　　　　　　　　　　　　　　　　　　　　　　対応する学習指導要領の項目：B (1) ア

主体的に学習に取り組む態度
○1年間の学びをふり返り，今後の学習に生かそうとしている。

学習活動

小単元名	時数	学習活動	学習の過程
四年生をふり返って①	1	○126・127ページをもとに4年生の国語の学びをふり返り，印象に残っている学習を伝え合う。	情報の収集　共有
四年生をふり返って②	1	○国語の学習でためになったことやこれからも続けたいことを書く。	記述　共有

98

MEMO

5年　学図　　　　　　　　　　　　　　教科書【上】：p.1〜1　配当時数：1時間　配当月：4月

今日からはじまる

主領域　C読むこと

到達目標

知識・技能
○比喩や反復などの表現の工夫に気づくことができる。
○詩を音読したり朗読したりすることができる。

思考・判断・表現
○詩の全体像を具体的に想像したり，表現の効果を考えたりすることができる。

主体的に学習に取り組む態度　※「主体的に学習に取り組む態度」は方向目標を示しています。
○詩に描かれた心情や情景を思いうかべながら音読しようとする。

評価規準

知識・技能
○連ごとの繰り返しの表現に気づいている。
○情景や心情を思いうかべながら詩を朗読している。

対応する学習指導要領の項目：(1)ク，ケ

思考・判断・表現
○連ごとの繰り返し表現の効果を考えながら，詩に描かれた情景や心情を具体的に想像している。

対応する学習指導要領の項目：C(1)エ

主体的に学習に取り組む態度
○「今日からはじまる」に描かれた心情や情景を思いうかべながら音読している。

学習活動

小単元名	時数	学習活動	学習の過程
今日からはじまる	1	○連ごとの繰り返しの表現から，「今日からはじまる」についての感想をもつ。	精査・解釈
		○場面の様子や描かれた心情が表れるように工夫して音読する。	考えの形成

| 5年 | 学図 |

教科書【上】：p.14〜15　配当時数：2時間　配当月：4月

言葉でつながる

しょうかいします，わたしの友達

| 主領域 | A話すこと・聞くこと |

到達目標

知識・技能
○言葉には，相手とのつながりをつくる働きがあることに気づくことができる。

思考・判断・表現
○目的や意図に応じて話題を決め，伝え合う内容を検討することができる。
○話し手の目的や自分が聞こうとする意図に応じて話の内容を捉え，話し手の考えと比較しながら自分の考えをまとめることができる。
○質問するなどして必要な情報を集めたり，それらを発表したりする活動ができる。

主体的に学習に取り組む態度　※「主体的に学習に取り組む態度」は方向目標を示しています。
○他者紹介し合うことで，クラスの友達のことを知ろうとする。

評価規準

知識・技能
○言葉には，話し手と聞き手の間に好ましい関係を築き，継続させる働きがあることに気づいている。
　　　　　　　　　　　　　　　　　　　　　　　　　　　　　●対応する学習指導要領の項目：(1) ア

思考・判断・表現
○ペアになって相手の得意なことを聞き出し，質問を重ねて，クラスのみんなに紹介する内容を検討している。
○友達の他者紹介を聞きながら友達の好きなこと，得意なことを知り，自分の考えをまとめている。
○ペアになった友達を紹介するためにいろいろな質問をしたり，それらをクラスで発表したりする活動をしている。
　　　　　　　　　　　　　　　　　　　　　　　　　　　　　●対応する学習指導要領の項目：A (1) ア，エ　(2) イ

主体的に学習に取り組む態度
○他者紹介し合うことでクラスの友達のことを知り，良好な関係を築こうとしている。

学習活動

小単元名	時数	学習活動	学習の過程
しょうかいします，わたしの友達	2	○ペアになった友達を紹介するために質問をして，情報を集める。	情報の収集　考えの形成
		○質問からわかったことをもとに，友達を紹介する。 ・聞いている人は，質問したり感想を伝えたりする。	表現　共有

| 5年 | 学図 | 教科書【上】：p.16〜33　配当時数：4時間　配当月：4月 |

1 人物の関係を読もう
みちくさ

主領域　C読むこと

関連する道徳の内容項目　A正直，誠実　B友情，信頼　C公正，公平，社会正義

到達目標

≫知識・技能
○物語を音読したり朗読したりすることができる。
○図などによる語句と語句との関係の表し方を理解し使うことができる。
○新しく習う漢字を正しく読んだり書いたりすることができる。

≫思考・判断・表現
○登場人物の相互関係や心情などについて，描写をもとに捉えることができる。
○文章を読んで理解したことに基づいて，自分の考えをまとめることができる。
○物語を読み，内容を説明したり，自分の生き方などについて考えたことを伝え合ったりする活動ができる。

≫主体的に学習に取り組む態度　※「主体的に学習に取り組む態度」は方向目標を示しています。
○人物どうしの関係や，性格や心情の変化を捉え，人物の心情がよく伝わるように音読しようとする。

評価規準

≫知識・技能
○「ぼく」や大介の心情が伝わるように音読している。
○「ぼく」と大介の関係を読み取るために，図に表している。
○新しく習う漢字を正しく読んだり書いたりしている。

　　　　　　　　　　　　　　　　　　　　　　　　　　　対応する学習指導要領の項目：(1) エ，ケ　(2) イ

≫思考・判断・表現
○「ぼく」と大介の関係や心情について，描写をもとに捉えている。
○「みちくさ」を読んで理解したことについて，自分の考えをまとめている。
○「みちくさ」を読んで内容を説明したり，考えたことを伝え合ったりしている。

　　　　　　　　　　　　　　　　　　　　　　　　　　　対応する学習指導要領の項目：C (1) イ，オ　(2) イ

≫主体的に学習に取り組む態度
○人物どうしの関係や，性格や心情の変化を捉え，人物の心情がよく伝わるように音読している。

学習活動

小単元名	時数	学習活動	学習の過程
みちくさ①	1	○32・33ページ「学習のてびき」を読み、学習のめあてを確かめる。	見通し
		○物語全文を読んで、「ぼく」と大介の関係を捉える。 ・低学年の頃と高学年になった今の二人の関係を、32ページ上段の図に書き込む。 ・「ぼく」が大介と遊ばなくなった理由についても考える。	構造と内容の把握
みちくさ②	2	○「ぼく」の心情の変化を捉える。 ・28ページの「不思議な気持ち」と、31ページの「不思議な気持ち」の違いについて考える。 ・2つの「不思議な気持ち」の変化の理由を考える。	精査・解釈　共有
		○「ぼく」と大介のこれからの関係を考える。	考えの形成　共有
みちくさ③	1	○大介と「ぼく」の関係について、その変化が伝わるように音読する。	考えの形成　共有

5年　学図　　　　　　　　　　　　　　　教科書【上】：p.34〜35　配当時数：1時間　配当月：4月

自分だけのノートを作ろう

主領域　B書くこと

到達目標

≫知識・技能
○文や文章の中で漢字と仮名を適切に使い分けるとともに，送り仮名や仮名遣いに注意して書くことができる。

≫思考・判断・表現
○文章全体の構成や書き表し方などに着目して，文や文章を整えることができる。

≫主体的に学習に取り組む態度　※「主体的に学習に取り組む態度」は方向目標を示しています。
○自分の考えや友達との交流を通して気づいたことを書き留め，考えを深めようとする。

評価規準

≫知識・技能
○漢字と仮名を適切に使い分けて文や文章を書いている。
　　　　　　　　　　　　　　　　　　　　　　　　　　　● 対応する学習指導要領の項目：(1) ウ

≫思考・判断・表現
○学習した内容について，自分の考えや友達の考え，まとめなどを記録している。
　　　　　　　　　　　　　　　　　　　　　　　　　　　● 対応する学習指導要領の項目：B (1) オ

≫主体的に学習に取り組む態度
○学習した内容について，自分の考えや友達との交流を通して気づいたことや学習のまとめなどを書き留め，ふり返りや次の学習に生かそうとしている。

学習活動

小単元名	時数	学習活動	学習の過程
自分だけのノートを作ろう	1	○34・35ページを読み，ノートに書く内容や書き方を確かめる。 ・めあて，自分や友達の考え，大事な文や言葉，まとめなど	考えの形成　記述

| 5年 | 学図 |

教科書【上】：p.36〜37　配当時数：1時間　配当月：4月

季節のたより
春

到達目標

≫知識・技能
○語感や言葉の使い方に対する感覚を意識して，語や語句を使うことができる。
○近代以降の文語調の文章を音読するなどして，言葉の響きやリズムに親しむことができる。

≫主体的に学習に取り組む態度　※「主体的に学習に取り組む態度」は方向目標を示しています。
○季節に対するものの見方や感じ方に注意して，春を感じる言葉について考えようとする。

評価規準

≫知識・技能
○教科書の写真や俳句から春を感じる語句を探し，文章の中で使うとともに語彙を豊かにしている。
○正岡子規，高野素十の俳句を音読し，言葉の響きやリズムに親しんでいる。

　　　　　　　　　　　　　　　　　　　　　　　　　　　　対応する学習指導要領の項目：(1) オ　(3) ア

≫主体的に学習に取り組む態度
○季節に対するものの見方や感じ方に注意して，春を感じた瞬間を俳句に表そうとしている。

学習活動

小単元名	時数	学習活動	学習の過程
春	1	○36・37ページの言葉にまつわる体験を思い出す。 ○教科書の言葉のほかにも春を感じる言葉を出し合い，俳句を作り，紹介し合う。	

| 5年 | 学図 | 教科書【上】：p.38〜39　配当時数：1時間　配当月：4月 |

言葉のきまり1
文の構造

到達目標

≫知識・技能
○文の中での語句の係り方や語順，文と文との接続の関係について理解することができる。
○新しく習う漢字を正しく読んだり書いたりすることができる。

≫主体的に学習に取り組む態度　※「主体的に学習に取り組む態度」は方向目標を示しています。
○文の構造を理解しようとする。

評価規準

≫知識・技能
○単文，重文，複文の構造について理解している。
○新しく習う漢字を正しく読んだり書いたりしている。

対応する学習指導要領の項目：(1) エ，カ

≫主体的に学習に取り組む態度
○文の構造を理解している。

学習活動

小単元名	時数	学習活動	学習の過程
文の構造	1	○主語と述語との関係に注意して，文の構造を理解する。 ・主語・述語の組み合わせが一組の文…単文 ・1つの文の中に主語と述語の組み合わせが二組以上あり，対等にならんでいる文…重文 ・1つの文の中の主語と述語の組み合わせに，別の主語と述語の組み合わせが付け加わった文…複文 ○39ページ下段の設問に取り組む。	

| 5年 | 学図 |

教科書【上】：p.40～42　配当時数：1時間　配当月：4月

言葉のいずみ1
和語・漢語・外来語

関連する道徳の内容項目　C伝統と文化の尊重，国や郷土を愛する態度／国際理解，国際親善

到達目標

》知識・技能
○語感や言葉の使い方に対する感覚を意識して，語や語句を使うことができる。
○語句の由来などに関心をもつことができる。
○新しく習う漢字を正しく読んだり書いたりすることができる。

》主体的に学習に取り組む態度　※「主体的に学習に取り組む態度」は方向目標を示しています。
○和語・漢語・外来語の違いを理解し，語彙を増やそうとする。

評価規準

》知識・技能
○和語・漢語・外来語の語感の違いを意識して使っている。
○和語・漢語・外来語の由来に関心をもち，違いを理解し，言葉についての理解を深めている。
○新しく習う漢字を正しく読んだり書いたりしている。

　　　　　　　　　　　　　　　　　　　　　　　　対応する学習指導要領の項目：(1) エ，オ　(3) ウ

》主体的に学習に取り組む態度
○和語・漢語・外来語の違いを理解し，身の回りのいろいろな言葉がどれに当たるのか考えたり調べたりしながら語彙を増やそうとしている。

学習活動

小単元名	時数	学習活動	学習の過程
和語・漢語・外来語	1	○和語・漢語・外来語の意味とそれぞれの語感の違いについて理解する。 ・和語と漢語について理解する。 ・外来語と和製英語について理解する。 ○身の回りから，和語・漢語・外来語を探してノートに書き出す。	

| 5年 | 学図 | | 教科書【上】：p.43〜43　配当時数：1時間　配当月：4月 |

言葉をつないで文を作ろう1

4年生で習った漢字①

主領域　B書くこと

到達目標

》知識・技能
○第4学年までに配当されている漢字を，文や文章の中で使うことができる。

》思考・判断・表現
○絵や目的に合った漢字を使って文を書いたり，間違いを正したりすることができる。

》主体的に学習に取り組む態度　※「主体的に学習に取り組む態度」は方向目標を示しています。
○43ページの言葉を使って，絵に合った文を書こうとする。

評価規準

》知識・技能
○4年生で学習した漢字を使って文や文章を作っている。
　　　　　　　　　　　　　　　　　　　　　　　　　　　——●対応する学習指導要領の項目：(1) エ

》思考・判断・表現
○絵や目的に合った漢字を使って文を書いたり，間違いを正したりしている。
　　　　　　　　　　　　　　　　　　　　　　　　　　　——●対応する学習指導要領の項目：B (1) オ

》主体的に学習に取り組む態度
○43ページの言葉を使って，家の人に学校生活や学習の様子を伝える文を書いている。

学習活動

小単元名	時数	学習活動	学習の過程
4年生で習った漢字①	1	○43ページにある言葉を使って，家の人に学校生活や学習の様子を伝える文を作る。 ・間違いがないか確かめる。	推敲

| 5年 | 学図 |

教科書【上】：p.44〜45　配当時数：2時間　配当月：5月

調べよう　まとめよう
「年鑑」を使って調べよう

主領域　C読むこと

到達目標

≫知識・技能
○原因と結果など情報と情報との関係について理解することができる。
○日常的に読書に親しみ，読書が，自分の考えを広げることに役立つことに気づくことができる。

≫思考・判断・表現
○目的に応じて，文章と図表などを結び付けるなどして必要な情報を見つけることができる。
○学校図書館などを利用し，年鑑を活用して調べたり考えたりしてことを報告する活動ができる。

≫主体的に学習に取り組む態度　※「主体的に学習に取り組む態度」は方向目標を示しています。
○「年鑑」の性質や使い方を理解し，知りたい事柄を調べようとする。

評価規準

≫知識・技能
○年鑑の統計資料を読み，数値の結果からその原因を考えるなどしている。
○年鑑を利用すればさまざまな資料が得られることを知り，テーマを絞って年鑑で調べている。
　　　　　　　　　　　　　　　　　　　　　　　　●対応する学習指導要領の項目：(2) ア　(3) オ

≫思考・判断・表現
○知りたいテーマについて，年鑑から必要な情報を見つけている。
○あるテーマについて年鑑を活用して調べ，わかったことをまとめている。
　　　　　　　　　　　　　　　　　　　　　　　　●対応する学習指導要領の項目：C (1) ウ　(2) ウ

≫主体的に学習に取り組む態度
○「年鑑」にはさまざまな統計資料が載っていること，図鑑や百科事典と同じ使い方ができることを理解し，知りたい事柄を調べている。

学習活動

小単元名	時数	学習活動	学習の過程
「年鑑」を使って調べよう	2	○年鑑を利用して調べる方法を理解する。	精査・解釈
		○テーマを決めて，年鑑で調べる。	精査・解釈 考えの形成
		○調べたことを報告し合い，感想や質問を伝え合う。	共有

| 5年 | 学図 | 教科書【上】：p.46〜57　配当時数：5時間　配当月：5月 |

2 要旨を捉えて読もう

東京スカイツリーのひみつ

主領域　C読むこと

関連する道徳の内容項目　A真理の追究　C勤労，公共の精神

到達目標

≫知識・技能
○文章の構成や展開について理解することができる。
○原因と結果など情報と情報との関係について理解することができる。
○情報と情報の関係付けの仕方を理解することができる。
○新しく習う漢字を正しく読んだり書いたりすることができる。

≫思考・判断・表現
○事実と感想，意見などとの関係を叙述をもとに押さえ，文章全体の構成を捉えて要旨を把握することができる。
○目的に応じて，文章と図を結び付けるなどして必要な情報を見つけたり，論の進め方について考えることができる。

≫主体的に学習に取り組む態度　※「主体的に学習に取り組む態度」は方向目標を示しています。
○筆者の論の進め方や文章構成に着目して，要旨を捉えてまとめようとする。

評価規準

≫知識・技能
○この文章が，3つの型のどれに当たるか理解している。
○東京スカイツリーを建設する際の課題と解決策の関係について理解している。
○事例と筆者の意見との関係付けの仕方を理解している。
○新しく習う漢字を正しく読んだり書いたりしている。

　　　　　　　　　　　　　　　　　　　　　●対応する学習指導要領の項目：(1) エ，カ　(2) ア，イ

≫思考・判断・表現
○筆者の主張と事例との関係をおさえながら，文章全体の構成を捉えて要旨を把握している。
○文章と写真や図を結び付けて内容を理解し，筆者の論の進め方について考えている。

　　　　　　　　　　　　　　　　　　　　　●対応する学習指導要領の項目：C (1) ア，ウ

≫主体的に学習に取り組む態度
○筆者の論の進め方や文章構成に着目して，要旨を捉えてまとめている。

学習活動

小単元名	時数	学習活動	学習の過程
東京スカイツリーのひみつ①	1	○56・57ページ「学習のてびき」を読み,学習のめあてを確かめる。	見通し
東京スカイツリーのひみつ②	3	○文章全体の構成を押さえ,筆者の主張を読み取り,文章の要旨を捉える。 ・東京スカイツリー建設の際の問題点は何か。 ・その問題点をどのように解決したのか。 ・筆者の主張はどの段落に書かれているか。	精査・解釈
東京スカイツリーのひみつ③	1	○筆者の主張と事例との関係をおさえて,文章の要旨をまとめる。	考えの形成　共有

| 5年 | 学図 |

教科書【上】：p.58～59　配当時数：3時間　配当月：5月

言葉をおくろう
手紙の書き方

主領域　B 書くこと

関連する道徳の内容項目　B 礼儀

到達目標

≫知識・技能
○言葉には，相手とのつながりをつくる働きがあることに気づくことができる。
○話し言葉と書き言葉との違いに気づくことができる。
○日常よく使われる敬語を理解し，使い慣れることができる。
○新しく習う漢字を正しく読んだり書いたりすることができる。

≫思考・判断・表現
○筋道の通った文章となるように，文章全体の構成や展開を考えることができる。
○文章全体の構成や書き表し方などに着目して，文や文章を整えることができる。

≫主体的に学習に取り組む態度　※「主体的に学習に取り組む態度」は方向目標を示しています。
○きちんとした手紙の書き方を知り，形式に沿って手紙を書こうとする。

評価規準

≫知識・技能
○頭語や時候の挨拶などの言葉にも，相手とのつながりをつくる働きがあることに気づいている。
○話し言葉と書き言葉との違いに気づき，文を書いている。
○日常よく使われる敬語を理解し，文章の中で使っている。
○新しく習う漢字を正しく読んだり書いたりしている。

　　　　　　　　　　　　　　　　　　　　　● 対応する学習指導要領の項目：(1) ア，イ，エ，キ

≫思考・判断・表現
○筋道の通った文章となるように，文章全体の構成や展開を考えて手紙を書いている。
○手紙には書き方のきまりがあることを理解し，書き方のきまりにそって，心のこもった手紙を書いている。

　　　　　　　　　　　　　　　　　　　　　● 対応する学習指導要領の項目：B (1) イ，オ

≫主体的に学習に取り組む態度
○きちんとした手紙の書き方を知り，形式に沿って手紙を書いている。

学習活動

小単元名	時数	学習活動	学習の過程
手紙の書き方①	1	○手紙の書き方のきまりを理解する。	構成の検討

| 手紙の書き方② | 2 | ○手紙の書き方のきまりにそって，心のこもった手紙を書く。 | 推敲 |

| 5年 | 学図 | 教科書【上】：p.60〜63　配当時数：8時間　配当月：6月 |

3 インタビューをしよう
働く人にインタビュー

主領域　A話すこと・聞くこと

到達目標

≫知識・技能
○言葉には，相手とのつながりをつくる働きがあることに気づくことができる。
○日常よく使われる敬語を理解し使い慣れることができる。
○情報と情報の関係付けの仕方を理解することができる。
○新しく習う漢字を正しく読んだり書いたりすることができる。

≫思考・判断・表現
○目的や意図に応じて，集めた材料を分類したり関係付けたりして，伝え合う内容を検討することができる。
○自分が聞こうとする意図に応じて話の内容を捉え，自分の考えをまとめることができる。
○インタビューをして必要な情報を集めたり，それを発表したりする活動ができる。

≫主体的に学習に取り組む態度　※「主体的に学習に取り組む態度」は方向目標を示しています。
○働くことをテーマにしたインタビュー活動を通して，職業について考えを広げようとする。

評価規準

≫知識・技能
○インタビューをすることによって，相手とのつながりができることに気づいている。
○インタビューする相手に対し，適切に敬語を使っている。
○インタビューでメモしたことを整理している。
○新しく習う漢字を正しく読んだり書いたりしている。

　　　　　　　　　　　　　　　　　　　　　　　● 対応する学習指導要領の項目：(1) ア，エ，キ　(2) イ

≫思考・判断・表現
○インタビューで得られた情報を整理して，みんなに伝える内容を検討している。
○働くとはどういうことかというテーマに沿って話を聞いて内容を捉え，自分の考えをまとめている。
○働いている方々にインタビューをして働くとはどういうことかについて話を聞き，クラスのみんなに発表している。

　　　　　　　　　　　　　　　　　　　　　　　● 対応する学習指導要領の項目：A (1) ア，エ　(2) イ

≫主体的に学習に取り組む態度
○働くことをテーマにしたインタビュー活動を通して，職業について考えを広げている。

学習活動

小単元名	時数	学習活動	学習の過程
働く人にインタビュー①	1	○60ページ下段を読み，学習のめあてと学習の流れを確かめる。	見通し
働く人にインタビュー②	3	○「働くってどういうこと？」をテーマに，働いている方々にインタビューを行う準備をする。	情報の収集　表現
		・質問内容を考える。	情報の収集
		・インタビューの練習をする。	表現　共有
働く人にインタビュー③	2	○「働く人にインタビューの会」を開く。 ・全体で仕事についての話を聞いてから個別のインタビューを行う。	表現　共有
働く人にインタビュー④	2	○インタビューをもとに，「働くこと」について考えたことを伝え合う。	表現　共有

| 5年 | 学図 | | 教科書【上】：p.64〜65　配当時数：1時間　配当月：6月 |

言葉のいずみ2
複合語

到達目標

≫知識・技能
○語句と語句との関係，語句の構成や変化について理解し，語彙を豊かにすることができる。
○新しく習う漢字を正しく読んだり書いたりすることができる。

≫主体的に学習に取り組む態度　※「主体的に学習に取り組む態度」は方向目標を示しています。
○複合語の種類や特徴を理解し，物事や考え方，気持ちを表す適切な語句を使おうとする。

評価規準

≫知識・技能
○複合語の組み立てや意味を理解し，語彙を豊かにしている。
○新しく習う漢字を正しく読んだり書いたりしている。

対応する学習指導要領の項目：(1) エ，オ

≫主体的に学習に取り組む態度
○複合語の種類や特徴を理解し，物事や考え方，気持ちを表す適切な語句を使っている。

学習活動

小単元名	時数	学習活動	学習の過程
複合語	1	○複合語の組み立てや意味を理解する。 ・「複合語」とはどういう言葉かを理解する。 ・「複合語」の特徴を理解する。 ○教科書や身の回りから複合語を探して，その種類と特徴を確かめる。	

5年　学図　　　　　　　　　　　　　　教科書【上】：p.66〜68　配当時数：2時間　配当月：6月

原因と結果の関係を見いだそう

さまざまな情報を結び付けて考えよう

主領域　C読むこと

到達目標

≫知識・技能
○原因と結果など情報と情報との関係について理解することができる。
○新しく習う漢字を正しく読んだり書いたりすることができる。

≫思考・判断・表現
○文章と図表などを結び付けて必要な情報を見つけることができる。

≫主体的に学習に取り組む態度　※「主体的に学習に取り組む態度」は方向目標を示しています。
○身の回りの事象を原因と結果の関係で捉えようとする。

評価規準

≫知識・技能
○原因と結果など情報と情報との関係について理解している。
○新しく習う漢字を正しく読んだり書いたりしている。

　　　　　　　　　　　　　　　　　　　　　　　　　　●対応する学習指導要領の項目：(1) エ　(2) ア

≫思考・判断・表現
○文章と図表などを結び付けて必要な情報を見つけている。

　　　　　　　　　　　　　　　　　　　　　　　　　　●対応する学習指導要領の項目：C (1) ウ

≫主体的に学習に取り組む態度
○身の回りの事象を原因と結果の関係で捉えようとしている。

学習活動

小単元名	時数	学習活動	学習の過程
さまざまな情報を結び付けて考えよう	2	○「原因と結果」の関係を見つける。 ○図表とグラフから因果関係を見つける。 ○結果からその原因を予想する。	精査・解釈

5年 学図　　　　　　　　　　　　教科書【上】：p.69〜69　配当時数：1時間　配当月：6月

言葉をつないで文を作ろう2

4年生で習った漢字②

主領域　B書くこと

到達目標

≫知識・技能
○第4学年までに配当されている漢字を，文や文章の中で使うことができる。

≫思考・判断・表現
○絵や目的に合った漢字を使って文を書いたり，間違いを正したりすることができる。

≫主体的に学習に取り組む態度　※「主体的に学習に取り組む態度」は方向目標を示しています。
○69ページの言葉を使って，絵に合った文を書こうとする。

評価規準

≫知識・技能
○4年生で学習した漢字を使って文や文章を作っている。
　　　　　　　　　　　　　　　　　　　　　　　　　対応する学習指導要領の項目：(1) エ

≫思考・判断・表現
○絵や目的に合った漢字を使って文を書いたり，間違いを正したりしている。
　　　　　　　　　　　　　　　　　　　　　　　　　対応する学習指導要領の項目：B (1) オ

≫主体的に学習に取り組む態度
○69ページの言葉を使って，家族の様子を表す文を書いている。

学習活動

小単元名	時数	学習活動	学習の過程
4年生で習った漢字②	1	○69ページにある言葉を使って，いつ，だれが，何をするかなど，家族の様子を表す文を作る。 ・間違いがないか確かめる。	推敲

| 5年 | 学図 | 教科書【上】：p.70〜71　配当時数：1時間　配当月：6月 |

季節のたより

夏

到達目標

≫知識・技能
○語感や言葉の使い方に対する感覚を意識して，語や語句を使うことができる。
○近代以降の文語調の文章を音読するなどして，言葉の響きやリズムに親しむことができる。

≫主体的に学習に取り組む態度　※「主体的に学習に取り組む態度」は方向目標を示しています。
○季節に対するものの見方や感じ方に注意して，夏を感じる言葉について考えようとする。

評価規準

≫知識・技能
○教科書の写真や俳句から夏を感じる語句を探し，文章の中で使うとともに語彙を豊かにしている。
○中村草田男，松尾芭蕉の俳句を音読し，言葉の響きやリズムに親しんでいる。

対応する学習指導要領の項目：(1) オ　(3) ア

≫主体的に学習に取り組む態度
○季節に対するものの見方や感じ方に注意して，夏を感じた瞬間を俳句に表そうとしている。

学習活動

小単元名	時数	学習活動	学習の過程
夏	1	○70・71ページの言葉にまつわる体験を思い出す。 ○教科書の言葉のほかにも夏を感じる言葉を出し合い，俳句を作り，紹介し合う。	

| 5年 | 学図 | 教科書【上】：p.72～73　配当時数：1時間　配当月：6月 |

言葉のきまり2
敬語

関連する道徳の内容項目　B礼儀

到達目標

≫知識・技能
○日常よく使われる敬語を理解し使い慣れることができる。
○新しく習う漢字を正しく読んだり書いたりすることができる。

≫主体的に学習に取り組む態度　※「主体的に学習に取り組む態度」は方向目標を示しています。
○敬語について理解し，敬語が使われる場面を想定して正しく使おうとする。

評価規準

≫知識・技能
○尊敬語，謙譲語，丁寧語の意味と使い方を知り，使われる場面を考えて，適切な敬語で表現している。
○新しく習う漢字を正しく読んだり書いたりしている。

　　　　　　　　　　　　　　　　　　　　　　　　　● 対応する学習指導要領の項目：(1) エ，キ

≫主体的に学習に取り組む態度
○敬語について理解し，敬語が使われる場面を想定して正しく使おうとしている。

学習活動

小単元名	時数	学習活動	学習の過程
敬語	1	○敬語の役割や種類，使い方を理解する。 ・敬語とはどういう言葉かを知る。 ・尊敬語について理解する。 ・謙譲語について理解する。 ・丁寧語について理解する。 ○73ページ下段の設問に取り組む。	

| 5年 | 学図 | 教科書【上】：p.74～77　配当時数：8時間　配当月：6～7月 |

想像を広げよう

人物を生き生きとえがき出そう

主領域　B書くこと

到達目標

≫知識・技能
○文章の種類とその特徴について理解することができる。
○文章を音読したり朗読したりすることができる。
○新しく習う漢字を正しく読んだり書いたりすることができる。

≫思考・判断・表現
○目的や意図に応じて簡単に書いたり詳しく書いたりするなど，自分の考えが伝わるように書き表し方を工夫することができる。
○文章全体の構成や書き表し方が明確になっているかなど，文章に対する感想や意見を伝え合い，自分の文章のよいところを見つけることができる。

≫主体的に学習に取り組む態度　　※「主体的に学習に取り組む態度」は方向目標を示しています。
○これまでに読んできた物語を脚本にしようとする。

評価規準

≫知識・技能
○脚本とその特徴について理解することができる。
○書いた脚本のト書きやせりふを音読したり役を演じたりしている。
○新しく習う漢字を正しく読んだり書いたりしている。

　対応する学習指導要領の項目：(1) エ，カ，ケ

≫思考・判断・表現
○物語を脚本にする創作活動を通して，場面の様子や人物像を豊かに想像し，自分の考えが伝わるように表し方を工夫している。
○書いた脚本を友達と読み合って感想や意見を伝え合い，自分の文章のよいところを見つけている。

　対応する学習指導要領の項目：B (1) ウ，カ

≫主体的に学習に取り組む態度
○これまでに読んできた物語の気に入った場面などを脚本にしようとしている。

学習活動

小単元名	時数	学習活動	学習の過程
人物を生き生きとえがき出そう①	1	○教科書を読み，脚本の特徴を理解する。	内容の検討
人物を生き生きとえがき出そう②	5	○これまでに学習した作品から，脚本に書き換えたい作品を選ぶ。 ○作品の中から脚本にしたい場面を選ぶ。	題材の設定
		○「ト書き」と「せりふ」を意識しながら，脚本に書き換える。	記述　推敲
人物を生き生きとえがき出そう③	2	○できた脚本を読み合い，感想を伝え合う。	共有

| 5年 | 学図 | | 教科書【上】：p.78～78　配当時数：1時間　配当月：7月 |

漢字の広場1

五年生で学ぶ漢字

到達目標

≫知識・技能
○新しく習う漢字を正しく読んだり書いたりすることができる。

≫主体的に学習に取り組む態度　※「主体的に学習に取り組む態度」は方向目標を示しています。
○78ページに出てくる新出漢字を声に出して読んだりノートに書き写したりしようとする。

評価規準

≫知識・技能
○新しく習う漢字を正しく読んだり書いたりしている。
　　　　　　　　　　　　　　　　　　　　　　　　　●対応する学習指導要領の項目：(1)エ

≫主体的に学習に取り組む態度
○78ページに出てくる新出漢字を，声に出して読んだりノートに書き写したりしている。

学習活動

小単元名	時数	学習活動	学習の過程
五年生で学ぶ漢字	1	○78ページに出てくる新出漢字を読み書きする。	

| 5年 | 学図 | 教科書【上】：p.79〜99　配当時数：4時間　配当月：7月 |

読書に親しもう

物語の人物が答えます／注文の多い料理店／読書の部屋

主領域　C読むこと

関連する道徳の内容項目　D生命の尊さ／自然愛護

到達目標

≫知識・技能
○日常的に読書に親しむことができる。
○新しく習う漢字を正しく読んだり書いたりすることができる。

≫思考・判断・表現
○人物像や物語の全体像を具体的に想像したり，表現の効果を考えたりすることができる。
○文章を読んで理解したことに基づいて，自分の考えをまとめることができる。
○文章を読んでまとめた意見や考えを共有し，自分の考えを広げることができる。
○物語を読み，内容を説明したり，自分の生き方などについて考えたことを伝え合ったりする活動ができる。

≫主体的に学習に取り組む態度　※「主体的に学習に取り組む態度」は方向目標を示しています。
○物語の人物になりきって，「物語の人物が答えます」ゲームをしようとする。

評価規準

≫知識・技能
○98・99ページの本を手掛かりに，さまざまなジャンルの本に読み広げている。
○新しく習う漢字を正しく読んだり書いたりしている。

　　　　　　　　　　　　　　　　　　　　　　　　　●対応する学習指導要領の項目：(1)エ　(3)オ

≫思考・判断・表現
○「注文の多い料理店」を読んで，二人の紳士の人物像を具体的に想像している。
○物語を読んで理解したことに基づいて，自分の考えをまとめている。
○登場人物の行動や様子をまとめた意見や考えを友達と交流し，自分の考えを広げている。
○「注文の多い料理店」を読み，物語の展開について説明したり，登場人物について考えたことを伝え合ったりしている。

　　　　　　　　　　　　　　　　　　　　　　　　●対応する学習指導要領の項目：C(1)エ，オ，カ　(2)イ

≫主体的に学習に取り組む態度
○「注文の多い料理店」登場人物になりきって，「物語の人物が答えます」ゲームをしようとしている。

学習活動

小単元名	時数	学習活動	学習の過程
物語の人物が答えます／注文の多い料理店①	1	○80・81ページを読んで、ゲームのやり方を確かめる。 ○物語を読んで、内容をつかむ。	構造と内容の把握
物語の人物が答えます／注文の多い料理店②	2	○「物語の人物が答えます」を行う。 ○81ページに挙げられた「なぞ」について話し合う。	精査・解釈 考えの形成　共有
読書の部屋	1	○「読書の部屋」の中の読みたい本を選んで読む。 ○「調べた本の記録」カードの書き方を確かめ、記入する。	

| 5年 | 学図 | 教科書【上】：p.100〜103　配当時数：2時間　配当月：9月 |

詩を味わおう

レモン／し

主領域　C読むこと

関連する道徳の内容項目　D自然愛護／感動，畏敬の念

到達目標

≫知識・技能
○比喩や反復表現などの工夫に気づくことができる。
○詩を音読したり朗読したりすることができる。

≫思考・判断・表現
○詩の全体像を具体的に想像したり，表現の効果を考えたりすることができる。
○詩を読んでまとめた意見や感想を共有し，自分の考えを広げることができる。
○詩を読み内容を説明したり，自分の生き方などについて考えたことを伝え合ったりする活動ができる。

≫主体的に学習に取り組む態度　※「主体的に学習に取り組む態度」は方向目標を示しています。
○詩のイメージを膨らませながら音読し，情景を想像しようとする。

評価規準

≫知識・技能
○詩の中の比喩や反復表現などの工夫に気づいている。
○「レモン」「し」のイメージを膨らませながら音読している。

対応する学習指導要領の項目：(1) ク，ケ

≫思考・判断・表現
○詩の全体像を具体的に想像したり，繰り返しやすべて平仮名表記されていることの効果を考えたりしている。
○「レモン」「し」を読んで受けたイメージを共有し，自分の考えを広げている。
○2つの詩を読んで内容や表現の工夫，受けたイメージなどを伝え合っている。

対応する学習指導要領の項目：C (1) エ，カ　(2) イ

≫主体的に学習に取り組む態度
○詩に描かれている情景などを想像しながら，声に出して読んでいる。

学習活動

小単元名	時数	学習活動	学習の過程
レモン／し	2	○情景を想像しながら音読し，表現の的確さや言葉のおもしろさを通して，感想を話し合う。 ・「レモン」を読み，発想や表現のおもしろさに気づく。 ・「し」に描かれている作者の感覚の鋭さに気づく。	精査・解釈
		○好きなほうの詩を選んで，描かれている情景や心情を想像しながら音読し，感想を話し合う。	精査・解釈　共有

5年　学図　　教科書【上】：p.104〜104　配当時数：1時間　配当月：9月

漢字の広場2
五年生で学ぶ漢字

到達目標

≫知識・技能
○新しく習う漢字を正しく読んだり書いたりすることができる。

≫主体的に学習に取り組む態度　※「主体的に学習に取り組む態度」は方向目標を示しています。
○104ページに出てくる新出漢字を声に出して読んだりノートに書き写したりしようとする。

評価規準

≫知識・技能
○新しく習う漢字を正しく読んだり書いたりしている。

　　　　　　　　　　　　　　　　　　　　　　　　　　　　●対応する学習指導要領の項目：(1) エ

≫主体的に学習に取り組む態度
○104ページに出てくる新出漢字を，声に出して読んだりノートに書き写したりしている。

学習活動

小単元名	時数	学習活動	学習の過程
五年生で学ぶ漢字	1	○104ページに出てくる新出漢字を読み書きする。	

5年 学図　　　　　　　　　教科書【上】：p.105〜105　配当時数：1時間　配当月：9月

言葉をつないで文を作ろう3

4年生で習った漢字③

主領域　B書くこと

到達目標

≫知識・技能
○第4学年までに配当されている漢字を，文や文章の中で使うことができる。

≫思考・判断・表現
○絵や目的に合った漢字を使って文を書いたり，間違いを正したりすることができる。

≫主体的に学習に取り組む態度　※「主体的に学習に取り組む態度」は方向目標を示しています。
○105ページの言葉を使って，絵に合った文を書こうとする。

評価規準

≫知識・技能
○4年生で学習した漢字を使って文や文章を作っている。
　　　　　　　　　　　　　　　　　　　　　　　　　●対応する学習指導要領の項目：(1) エ

≫思考・判断・表現
○絵や目的に合った漢字を使って文を書いたり，間違いを正したりしている。
　　　　　　　　　　　　　　　　　　　　　　　　　●対応する学習指導要領の項目：B (1) オ

≫主体的に学習に取り組む態度
○105ページの言葉を2つ以上使って，都道府県クイズを作っている。

学習活動

小単元名	時数	学習活動	学習の過程
4年生で習った漢字③	1	○105ページにある府や県の名前を2つ以上使って，都道府県クイズを作る。 ・間違いがないか確かめる。	推敲

5年　学図　　　教科書【上】：p.106〜119　配当時数：4時間　配当月：9月

4 自分の意見をもって読もう

わたしたちとメディア／インターネット・コミュニケーション

主領域　C読むこと

到達目標

≫知識・技能
○思考に関わる語句の量を増し，話や文章の中で使うことができる。
○話や文章の構成や展開について理解することができる。
○新しく習う漢字を正しく読んだり書いたりすることができる。

≫思考・判断・表現
○事実と感想，意見などとの関係を叙述をもとに押さえ，文章全体の構成を捉えて要旨を把握することができる。
○筆者の論の進め方について考えることができる。
○文章を読んでまとめた意見や感想を共有し，自分の考えを広げることができる。
○説明や解説などの文章を読み，わかったことや考えたことを話したり文章にまとめたりする活動ができる。

≫主体的に学習に取り組む態度　※「主体的に学習に取り組む態度」は方向目標を示しています。
○世界中につながるネット環境に関心をもち，事実と意見の関係を押さえて読もうとする。

評価規準

≫知識・技能
○筆者の考えを表す語句に着目して読んでいる。
○メディアを通した情報の受信と発信について，それぞれの特徴を理解している。
○新しく習う漢字を正しく読んだり書いたりしている。

　　　　　　　　　　　　　　　　　　　　　　　　　●対応する学習指導要領の項目：(1) エ，オ，カ

≫思考・判断・表現
○筆者の考えとそれを支える事例を叙述をもとに押さえ，文章全体の構成を捉えて要旨を把握している。
○根拠に注目しながら筆者の考え方を確認し，自分の考えをまとめている。
○「わたしたちとマスメディア」を読んでまとめた考えを友達と交流し，自分の考えを広げている。
○メディアについての文章を読み，わかったことや考えたことを発表したり文章にまとめたりしている。

　　　　　　　　　　　　　　　　　　　　　●対応する学習指導要領の項目：C (1) ア，ウ，カ　(2) ア

≫主体的に学習に取り組む態度
○世界中につながるネット環境に関心をもち，事実と筆者の意見の関係を押さえて読んでいる。

学習活動

小単元名	時数	学習活動	学習の過程
わたしたちとメディア①	1	○116・117ページ「学習のてびき」を読み，学習のめあてを確かめる。	見通し
		○全体を読んで段落番号を振り，話題と筆者の意見を116ページ上段の表を参考に整理する。	構造と内容の把握
わたしたちとメディア②	2	○筆者の意見の支えとなる事例を，次の視点で捉える。 ・よさや特徴 ・受信するときの関わり方 ・発信するときの関わり方	精査・解釈
		○筆者の意見について自分の考えをまとめ，話し合う。	考えの形成　共有
インターネット・コミュニケーション	1	○筆者の主張を捉え，ものの見方や考え方に役立てる。 ・メールや書き込みをするときに気をつけることを話し合う。	考えの形成　共有

| 5年 | 学図 | | 教科書【上】：p.120〜125　配当時数：3時間　配当月：9月 |

言葉の文化を体験しよう
宇治拾遺物語

関連する道徳の内容項目　C伝統と文化の尊重，国や郷土を愛する態度

到達目標

≫知識・技能
○親しみやすい古文を音読し，言葉の響きやリズムに親しむことができる。
○古典について解説した文章を読んだり作品の内容の大体を知ったりすることを通して，昔の人のものの見方や感じ方を知ることができる。
○新しく習う漢字を正しく読んだり書いたりすることができる。

≫主体的に学習に取り組む態度　※「主体的に学習に取り組む態度」は方向目標を示しています。
○古典を読み，現代語との表現の違いやおもしろさを話し合おうとする。

評価規準

≫知識・技能
○121ページ，124ページの古文を読んで，言葉の響きやリズムに親しんでいる。
○「宇治拾遺物語」の解説文を読んで内容の大体を理解したり，昔の人のものの見方や感じ方を捉えている。
○新しく習う漢字を正しく読んだり書いたりしている。

　　　　　　　　　　　　　　　　　　　　　　　　　　　●対応する学習指導要領の項目：(1) エ　(3) ア，イ

≫主体的に学習に取り組む態度
○古典を読み，現代語との表現の違いやおもしろさ，昔の人の感じ方や考え方などを話し合っている。

学習活動

小単元名	時数	学習活動	学習の過程
宇治拾遺物語	3	○古文と解説文を読み，古典の世界に触れ，古文を読み味わう。 ・「古文の世界にふれる」を読み，古文の世界について理解する。 ・「小野篁広才の事」「雀報恩の事」の古文を音読し，現代語訳を読んで内容の大体を理解する。 ・「雀報恩の事」と「舌切りすずめ」との相違について話し合う。	

| 5年 | 学図 | 教科書【上】:p.126～127　配当時数:2時間　配当月:10月 |

言葉を受け止めよう
親しみを表現しよう

主領域　A話すこと・聞くこと
関連する道徳の内容項目　B親切,思いやり／友情,信頼

到達目標

》知識・技能
○言葉には相手とのつながりをつくる働きがあることに気づくことができる。
○新しく習う漢字を正しく読んだり書いたりすることができる。

》思考・判断・表現
○話の内容が明確になるように,話の構成を考えることができる。
○互いの立場や意図を明確にしながら話し合い,考えを広げたりまとめたりすることができる。

》主体的に学習に取り組む態度　※「主体的に学習に取り組む態度」は方向目標を示しています。
○日常の関わりの中で友達に親しみを感じる出来事を出し合おうとする。
○相手の思いを考えながら,やり取りの言葉を選ぼうとする。

評価規準

》知識・技能
○言葉には相手とのつながりをつくる働きがあることに気づいている。
○新しく習う漢字を正しく読んだり書いたりしている。
　　　　　　　　　　　　　　　　　　　対応する学習指導要領の項目:(1)ア,エ

》思考・判断・表現
○「親しみ」について,自分の考えが明確になるように話の構成を考えている。
○人間関係について,考えたことを話し合っている。
　　　　　　　　　　　　　　　　　　　対応する学習指導要領の項目:A(1)イ,オ

》主体的に学習に取り組む態度
○日常の関わりの中で友達に親しみを感じる出来事を出し合っている。
○普段の会話の中でも,相手の思いを考えながらやり取りの言葉を選んでいる。

学習活動

小単元名	時数	学習活動	学習の過程
親しみを表現しよう	2	○「よい人間関係」と「親しみ」について，考えたことを話し合う。 ・「友達と親しみを感じ合える場面」について考え，グループで話し合う。 ○人によって「親しみ」の捉え方がさまざまであることを理解する。	考えの形成　表現　共有

| 5年 | 学図 |

教科書【上】：p.128〜130　配当時数：2時間　配当月：10月

言葉のいずみ3

方言と共通語

関連する道徳の内容項目　C伝統と文化の尊重，国や郷土を愛する態度

到達目標

》知識・技能
○共通語と方言の違いを理解することができる。

》主体的に学習に取り組む態度　※「主体的に学習に取り組む態度」は方向目標を示しています。
○方言と共通語の違いに関心をもち，それぞれのよさを理解しようとする。

評価規準

》知識・技能
○方言と共通語の違いについて理解し，言葉に対する感覚を深めたり広げたりしている。

──対応する学習指導要領の項目：(3) ウ

》主体的に学習に取り組む態度
○方言と共通語の違いに関心をもち，それぞれのよさを理解しようとしている。

学習活動

小単元名	時数	学習活動	学習の過程
方言と共通語	2	○方言と共通語を理解し，それぞれの特徴を知る。 ・「方言」について理解する。 ・「共通語」について理解する。 ・「方言のアクセント」について理解する。 ・言葉の使われる範囲について理解する。 ・方言と共通語のそれぞれのよさを考える。	

| 5年 | 学図 | | 教科書【下】：p.1～1　配当時数：1時間　配当月：10月 |

紙風船

主領域　C読むこと

関連する道徳の内容項目　A希望と勇気，努力と強い意志

到達目標

≫知識・技能
○比喩や反復表現に気づくことができる。
○詩を音読したり朗読したりすることができる。

≫思考・判断・表現
○詩の全体像を想像したり，表現の効果を考えたりすることができる。

≫主体的に学習に取り組む態度　※「主体的に学習に取り組む態度」は方向目標を示しています。
○描かれている情景や心情が表れるように詩を音読しようとする。

評価規準

≫知識・技能
○比喩や反復表現に気づいている。
○詩に描かれた情景や心情を思いうかべながら音読している。
　　　　　　　　　　　　　　　　　　　　　　　　　　　　対応する学習指導要領の項目：(1) ク，ケ

≫思考・判断・表現
○「紙風船」の情景を想像したり，倒置表現の効果について考えたりしている。
　　　　　　　　　　　　　　　　　　　　　　　　　　　　対応する学習指導要領の項目：C (1) エ

≫主体的に学習に取り組む態度
○「紙風船」に描かれている情景や心情が表れるように詩を音読しようとしている。

学習活動

小単元名	時数	学習活動	学習の過程
紙風船	1	○「紙風船」を，言葉の響きやリズムを大切にして読み，作品に込められた情景や心情を想像して話し合う。	精査・解釈　共有

| 5年 | 学図 | 教科書【下】：p.6〜8　配当時数：2時間　配当月：10月 |

言葉から想像しよう
「入れかえ文」を作って楽しもう

主領域　B書くこと

到達目標

≫知識・技能
○言葉の使い方に対する感覚を意識して語や語句を使うことができる。
○文の中での語句の係り方や語順について理解することができる。

≫思考・判断・表現
○文章全体の構成や展開が明確になっているかなど，文章に対する感想や意見を伝え合い，自分の文章のよいところを見つけることができる。

≫主体的に学習に取り組む態度　※「主体的に学習に取り組む態度」は方向目標を示しています。
○入れ替えた文に別の文を補って，意味がわかる文になるように工夫しようとする。

評価規準

≫知識・技能
○言葉の使い方に対する感覚を意識して語や語句を使っている。
○文の中での語句の係り方や語順について理解している。
　　　　　　　　　　　　　　　　　　　　　　●対応する学習指導要領の項目：(1) オ，カ

≫思考・判断・表現
○文や文章に対する感想や意見を伝え合っている。
　　　　　　　　　　　　　　　　　　　　　　●対応する学習指導要領の項目：B (1) カ

≫主体的に学習に取り組む態度
○入れ替えた文に別の文を補って，意味がわかる文になるように工夫している。

学習活動

小単元名	時数	学習活動	学習の過程
「入れかえ文」を作って楽しもう	2	○教科書を読み，「入れかえ文」の活動の流れを確かめる。 ○7ページの文を，意味がわかるように文を補い，友達と感想を伝え合う。 ○自分で作った文を友達の文と入れ替えて，意味がわかる文を補い，感想を伝え合う。	記述　推敲　共有

5年 学図　　　　　　　　　　　　　　教科書【下】：p.9〜15　配当時数：5時間　配当月：10月

1 報道文を読み，考えを深めよう

新聞の情報を読み取ろう

主領域　C読むこと

到達目標

≫知識・技能
○文や文章の種類とその特徴について理解することができる。
○新しく習う漢字を正しく読んだり書いたりすることができる。

≫思考・判断・表現
○目的に応じて，文章と図表などを結び付けるなどして必要な情報を見つけたり，論の進め方について考えたりすることができる。
○文章を読んで理解したことに基づいて，自分の考えをまとめることができる。
○新聞を比較するなどして読み，わかったことや考えたことを，話し合ったり文章にまとめたりする活動ができる。
○複数の新聞を活用して，調べたり考えたりしたことを報告する活動ができる。

≫主体的に学習に取り組む態度　※「主体的に学習に取り組む態度」は方向目標を示しています。
○新聞記事の特徴を知り，書き手の意図を捉えたり，自分の考えを深めたりしようとする。

評価規準

≫知識・技能
○新聞，報道文の特徴について理解している。
○新しく習う漢字を正しく読んだり書いたりしている。

　　　　　　　　　　　　　　　　　　　　　　　　　　　●対応する学習指導要領の項目：(1) エ，カ

≫思考・判断・表現
○新聞記事の特徴を知り，文章と図表などを結び付けるなどして必要な情報を見つけている。
○文章を読んで理解したことに基づいて，自分の考えをまとめている。
○２つの新聞記事を比較して読み，記事の書き方や使っている写真などの違いからわかったことについて話し合っている。
○自分が気になった記事について，複数の新聞を活用して調べて報告する活動をしている。

　　　　　　　　　　　　　　　　　　　　　●対応する学習指導要領の項目：C (1) ウ，オ　(2) ア，ウ

≫主体的に学習に取り組む態度
○新聞記事の特徴を知り，書き手の意図を捉えたり，自分の考えを深めたりしている。

学習活動

小単元名	時数	学習活動	学習の過程
新聞の情報を読み取ろう	5	○新聞記事の構成を理解する。 ・11ページを読み，記事の構成要素を確かめる。	構造と内容の把握
		○12・13ページの2つの新聞記事を読み比べ，気づいたことを伝え合う。 ・見出しや記事，写真，図表などの違いから，書き手の意図を話し合う。 ・他の新聞記事も読み比べて，紙面の工夫や書き手の意図について話し合う。	考えの形成　共有
		○新聞の活用の仕方を理解する。	構造と内容の把握
		・同じ話題を新聞とインターネットで比べる。	構造と内容の把握 考えの形成
		○新聞記事のスクラップの仕方を理解する。	構造と内容の把握

| 5年 | 学図 | | 教科書【下】：p.16〜17　配当時数：1時間　配当月：10月 |

季節のたより
秋

到達目標

≫知識・技能
○語感や言葉の使い方に対する感覚を意識して，語や語句を使うことができる。
○近代以降の文語調の文章を音読するなどして，言葉の響きやリズムに親しむことができる。

≫主体的に学習に取り組む態度　※「主体的に学習に取り組む態度」は方向目標を示しています。
○季節に対するものの見方や感じ方に注意して，秋を感じる言葉について考えようとする。

評価規準

≫知識・技能
○教科書の写真や俳句から秋を感じる語句を探し，文章の中で使うとともに語彙を豊かにしている。
○村上鬼城，与謝蕪村の俳句を音読し，言葉の響きやリズムに親しんでいる。

　　　　　　　　　　　　　　　　　　　　　　　　　　　　　● 対応する学習指導要領の項目：(1) オ　(3) ア

≫主体的に学習に取り組む態度
○季節に対するものの見方や感じ方に注意して，秋を感じた瞬間を俳句に表そうとしている。

学習活動

小単元名	時数	学習活動	学習の過程
秋	1	○16・17ページの言葉にまつわる体験を思い出す。 ○教科書の言葉のほかにも秋を感じる言葉を出し合い，俳句を作り，紹介し合う。	

| 5年 | 学図 |

教科書【下】：p.18〜19　配当時数：2時間　配当月：10月

文章の書き方・まとめ方
文章の構成を知ろう

主領域　B 書くこと

到達目標

≫知識・技能
○文章の構成について理解することができる。
○新しく習う漢字を正しく読んだり書いたりすることができる。

≫思考・判断・表現
○筋道の通った文章となるように，文章全体の構成や展開を考えることができる。

≫主体的に学習に取り組む態度　※「主体的に学習に取り組む態度」は方向目標を示しています。
○文章構成の型が3つあることを知り，身近な話題から意見文を書こうとする。

評価規準

≫知識・技能
○教科書の3つの文章の構成の違いについて理解している。
○新しく習う漢字を正しく読んだり書いたりしている。
　　　　　　　　　　　　　　　　　　　　　●対応する学習指導要領の項目：(1) エ，カ

≫思考・判断・表現
○筋道の通った文章となるように，文章全体の構成や展開を考えている。
　　　　　　　　　　　　　　　　　　　　　●対応する学習指導要領の項目：B (1) イ

≫主体的に学習に取り組む態度
○文章構成の型が3つあることを知り，身近な話題から意見文を書こうとしている。

学習活動

小単元名	時数	学習活動	学習の過程
文章の構成を知ろう	2	○教科書の3つの文章を読み，筆者の主張がいちばん伝わるのはどれか話し合う。 ○文章構成の3つの型を理解する。	構成の検討
		○3つの文章構成から1つを選んで，身近な話題について意見文を書く。	記述　共有

| 5年 | 学図 |

教科書【下】：p.20～25　配当時数：8時間　配当月：11月

2 意見文を書こう
どう考える？　この投書

| 主領域 | B書くこと |

到達目標

≫知識・技能
○文章の構成について理解することができる。
○新しく習う漢字を正しく読んだり書いたりすることができる。

≫思考・判断・表現
○筋道の通った文章となるように，文章全体の構成や展開を考えることができる。
○事実と感想，意見とを区別して書くなど，自分の考えが伝わるように工夫することができる。
○文章全体の構成や書き表し方などに着目して，文や文章を整えることができる。
○事象を説明したり意見を述べたりするなど，考えたことや伝えたいことを書く活動ができる。

≫主体的に学習に取り組む態度　※「主体的に学習に取り組む態度」は方向目標を示しています。
○文章構成の型や説得力のある書き方を生かして，意見文を書こうとする。

評価規準

≫知識・技能
○文章の構成について理解している。
○新しく習う漢字を正しく読んだり書いたりしている。

　　　　　　　　　　　　　　　　　　　　　　　　　　　→対応する学習指導要領の項目：(1) エ，カ

≫思考・判断・表現
○筋道の通った文章となるように，構成表を作って文章全体の構成や展開を考えている。
○自分の意見とその根拠となる出来事を分けて書くなど，自分の意見に説得力をもたせるような工夫をしている。
○文章全体を読み返し，構成や書き表し方などを確かめながら文章を整えている。
○21ページの投書に対する考えを伝えるために，意見文を書く活動をしている。

　　　　　　　　　　　　　　　　　　　　　　→対応する学習指導要領の項目：B (1) イ，ウ，オ　(2) ア

≫主体的に学習に取り組む態度
○文章構成の型や説得力のある書き方を生かして，意見文を書こうとしている。

学習活動

小単元名	時数	学習活動	学習の過程
どう考える？　この投書①	1	○20ページ下段を読み，学習のめあてと学習の流れを確かめる。	見通し

どう考える？　この投書②		5	○それぞれの投書の書き手の意見について話し合う。	情報の収集 考えの形成
			○投書に対する意見を書くために，構成表をもとに全体の構成を考える。 ・自分の見方や考え方と違う意見も予想する。	情報の収集 構成の検討
			○作った構成表をもとに，意見文を書く。	記述
			○書いた意見文を読み返し，推敲する。 ・事実と意見を区別して書いているか。 ・意見の根拠をわかりやすく書いているか。	推敲
どう考える？　この投書③		2	○書いた意見文を読み合い，感想や考えを伝え合う。	共有
			○意見に説得力をもたせるために工夫したことをふり返る。	ふり返り

| 5年 | 学図 | 教科書【下】：p.26〜31　配当時数：8時間　配当月：11月 |

3 自分の考えを提案しよう
学校を百倍すてきにしよう

主領域　A話すこと・聞くこと

関連する道徳の内容項目　Cよりよい学校生活，集団生活の充実

到達目標

》知識・技能
○言葉には，相手とのつながりをつくる働きがあることに気づくことができる。
○文章の構成や展開について理解することができる。
○新しく習う漢字を正しく読んだり書いたりすることができる。

》思考・判断・表現
○目的や意図に応じて，学校生活の中から話題を決め，集めた材料を分類したり関係付けたりして，伝え合う内容を検討することができる。
○話の内容が明確になるように，事実と感想，意見とを区別するなど，話の構成を考えることができる。
○資料を活用するなどして，自分の考えが伝わるように表現を工夫することができる。
○意見や提案など自分の考えを話したり，それらを聞いたりする活動ができる。

》主体的に学習に取り組む態度　※「主体的に学習に取り組む態度」は方向目標を示しています。
○学校をより素敵にする方法について，アイデアを考えて提案しようとする。

評価規準

》知識・技能
○言葉によって，相手と良好な関係を築くことができることに気づいている。
○提案するための話の構成や展開について理解している。
○新しく習う漢字を正しく読んだり書いたりしている。

　　　　　　　　　　　　　　　　　　　　　　　●対応する学習指導要領の項目：(1) ア，エ，カ

》思考・判断・表現
○学校をより素敵にする方法について，イメージマップを使って考えを広げ，どのアイデアを提案するとよいか検討している。
○主張が説得力をもってわかりやすく伝わるように，構成を工夫している。
○自分の考えを画用紙に書いて発表のときに使うなどの工夫をして話している。
○学校を素敵にする方法について自分の考えを話したり，友達の発表を聞いたりする活動をしている。

　　　　　　　　　　　　　　　　　　　　　　　●対応する学習指導要領の項目：A (1) ア，イ，ウ　(2) ア

》主体的に学習に取り組む態度
○学校をより素敵にする方法について，アイデアを考えて提案しようとしている。

学習活動

小単元名	時数	学習活動	学習の過程
学校を百倍すてきにしよう①	1	○26ページ下段を読み，学習のめあてと学習の流れを確かめる。	見通し
学校を百倍すてきにしよう②	4	○「学校を百倍すてきにする方法」を考える。	情報の収集 内容の検討 構成の検討
		・27ページのイメージマップを参考にして，自分のアイデアをイメージマップに書く。	情報の収集
		・イメージマップに書いた中からよいと思うアイデアを選び，理由を考える。	内容の検討
		・「はじめ・中・終わり」の構成を考えて，スピーチメモを書く。	構成の検討
学校を百倍すてきにしよう③	3	○「学校を百倍すてきにする方法」の発表会をする。 ・一人一人の提案を発表する発表会を開く。 ○友達の発表を聞いて，提案の内容や発表の仕方について伝え合う。	表現　共有

5年　学図　　　　　　　　　　　　　教科書【下】：p.32〜32　配当時数：1時間　配当月：12月

漢字の広場1
五年生で学ぶ漢字

到達目標

≫知識・技能
○新しく習う漢字を正しく読んだり書いたりすることができる。

≫主体的に学習に取り組む態度　※「主体的に学習に取り組む態度」は方向目標を示しています。
○32ページに出てくる新出漢字を声に出して読んだりノートに書き写したりしようとする。

評価規準

≫知識・技能
○新しく習う漢字を正しく読んだり書いたりしている。
　　　　　　　　　　　　　　　　　　　　　　　　　● 対応する学習指導要領の項目：(1) エ

≫主体的に学習に取り組む態度
○32ページに出てくる新出漢字を，声に出して読んだりノートに書き写したりしている。

学習活動

小単元名	時数	学習活動	学習の過程
五年生で学ぶ漢字	1	○32ページに出てくる新出漢字を読み書きする。	

| 5年 | 学図 | | 教科書【下】：p.33〜33　配当時数：1時間　配当月：12月 |

言葉をつないで文を作ろう1

4年生で習った漢字①

主領域　B書くこと

到達目標

≫知識・技能
○第4学年までに配当されている漢字を，文や文章の中で使うことができる。

≫思考・判断・表現
○絵や目的に合った漢字を使って文を書いたり，間違いを正したりすることができる。

≫主体的に学習に取り組む態度　　※「主体的に学習に取り組む態度」は方向目標を示しています。
○33ページの言葉を使って，絵に合った文を書こうとする。

評価規準

≫知識・技能
○4年生で学習した漢字を使って文や文章を作っている。

対応する学習指導要領の項目：(1) エ

≫思考・判断・表現
○絵や目的に合った漢字を使って文を書いたり，間違いを正したりしている。

対応する学習指導要領の項目：B (1) オ

≫主体的に学習に取り組む態度
○33ページの言葉を使って，町で見たことを伝える文を書いている。

学習活動

小単元名	時数	学習活動	学習の過程
4年生で習った漢字①	1	○33ページにある言葉を使って，町で見たことを伝える文を作る。 ・旅人になったつもりで書く。 ・間違いがないか確かめる。	推敲

5年 学図　　　教科書【下】：p.34～47　配当時数：4時間　配当月：12月

4 生き方を読もう
勇気の花がひらくとき―やなせたかしとアンパンマンの物語―

主領域　C読むこと

到達目標

≫知識・技能
○文章の種類とその特徴について理解することができる。
○文章を音読したり朗読したりすることができる。
○新しく習う漢字を正しく読んだり書いたりすることができる。

≫思考・判断・表現
○伝記に書かれた人物像を具体的に想像することができる。
○文章を読んで理解したことに基づいて，自分の考えをまとめることができる。
○文章を読んでまとめた意見や感想を共有し，自分の考えを広げることができる。
○伝記を読み，内容を説明したり，自分の生き方などについて考えたことを伝え合ったりする活動ができる。

≫主体的に学習に取り組む態度　※「主体的に学習に取り組む態度」は方向目標を示しています。
○取り上げられている人物の生き方や作者の見方に着目して，伝記を読もうとする。

評価規準

≫知識・技能
○伝記の特徴について理解している。
○「勇気の花がひらくとき」を，描かれている人物像について考えながら音読している。
○新しく習う漢字を正しく読んだり書いたりしている。

　　　　　　　　　　　　　　　　　　　　　　　　　　●対応する学習指導要領の項目：(1) エ，カ，ケ

≫思考・判断・表現
○「勇気の花がひらくとき」を読んで，やなせたかしの人物像について具体的に想像している。
○この伝記を読んで心に残ったことなどについて，自分の考えをまとめている。
○この伝記を読んでまとめた意見や感想を友達と交流し，自分の考えを広げている。
○伝記に書かれた人物の願いや思いを読み，人物の生き方や自分の生き方について考えたことを話し合っている。

　　　　　　　　　　　　　　　　　　　　●対応する学習指導要領の項目：C (1) エ，オ，カ　(2) イ

≫主体的に学習に取り組む態度
○やなせたかしの生き方や考え方，願いなどを作者がどう伝えようとしているのか考えながら伝記を読んでいる。

学習活動

小単元名	時数	学習活動	学習の過程
勇気の花がひらくとき—やなせたかしとアンパンマンの物語—	4	○46・47ページ「学習のてびき」を読み，学習のめあてを確かめる。	見通し
		○「勇気に花がひらくとき」を読んで心に残ったことを話し合う。 ○やなせたかしの一生を，46ページ上段の表を参考にしてまとめる。	構造と内容の把握
		○「勇気に花がひらくとき」という題名について話し合う。 ○やなせたかしの生き方について，話し合う。	考えの形成　共有

5年　学図　　　　　　　　　　　　　　教科書【下】：p.48〜51　配当時数：6時間　配当月：12月

豊かに表現しよう
俳句・短歌を作ろう

主領域　B書くこと

関連する道徳の内容項目　C伝統と文化の尊重，国や郷土を愛する態度

到達目標

≫知識・技能
○語感や言葉の使い方に対する感覚を意識して，語や語句を使うことができる。
○新しく習う漢字を正しく読んだり書いたりすることができる。

≫思考・判断・表現
○感じたことや考えたことなどから書くことを選び，集めた材料を分類したり関係付けたりして，伝えたいことを明確にすることができる。
○文章に対する感想や意見を伝え合い，自分の文章のよいところを見つけることができる。
○短歌や俳句を作るなど，感じたことや想像したことを書く活動ができる。

≫主体的に学習に取り組む態度　※「主体的に学習に取り組む態度」は方向目標を示しています。
○身の回りの出来事や景色などに目を向け，五音・七音のリズムに乗せて短歌や俳句を作ろうとする。

評価規準

≫知識・技能
○五音・七音のリズムに気をつけて，様子や感じたことを言葉に表している。
○新しく習う漢字を正しく読んだり書いたりしている。

　　　　　　　　　　　　　　　　　　　　　　　　　　　　→ 対応する学習指導要領の項目：(1) エ，オ

≫思考・判断・表現
○短歌や俳句の表現形式を押さえながら，身近な情景や生活の中で感じたことを，表現を工夫し，表現の効果を確かめながら作品にまとめている。
○出来上がった短歌や俳句を読んで感想などを伝え合い，自分の作品のよいところを見つけている。
○感じたことや想像したことを短歌や俳句に書く活動をしている。

　　　　　　　　　　　　　　　　　　　　　　　　　　　　→ 対応する学習指導要領の項目：B (1) ア，カ　(2) イ

≫主体的に学習に取り組む態度
○身の回りの出来事や景色などに目を向け，五音・七音のリズムに乗せたり表現を工夫するなどして短歌や俳句を作っている。

学習活動

小単元名	時数	学習活動	学習の過程
俳句・短歌を作ろう①	3	○俳句の形式や特徴について理解し，表現の工夫を考える。 ○短歌の形式について理解し，表現の工夫を考える。	題材の設定 情報の収集 内容の検討
俳句・短歌を作ろう②	3	○心に残っている景色やそのときに感じたことを題材にして，表現を工夫して俳句・短歌を作る。	記述　推敲
		○作品を読み合い，感想を話し合う。	共有

5年 学図　　　教科書【下】：p.52〜53　配当時数：1時間　配当月：12月

言葉のきまり1
動作の状態や意味をくわしくする言葉

到達目標

≫知識・技能
○語句と語句との関係，語句の構成や変化について理解することができる。
○文の中での語句の係り方や語順，文と文との接続の関係について理解することができる。
○新しく習う漢字を正しく読んだり書いたりすることができる。

≫主体的に学習に取り組む態度　※「主体的に学習に取り組む態度」は方向目標を示しています。
○呼応して使われる言葉や文の意味を詳しくする文末表現などを理解しようとする。

評価規準

≫知識・技能
○副詞と助動詞の呼応関係や，動作の状態や様子を詳しくする言い方を理解し，文の中で正しく使っている。
○文の中での語句の係り方や語順，文と文との接続の関係について理解している。
○新しく習う漢字を正しく読んだり書いたりしている。

→対応する学習指導要領の項目：(1) エ，オ，カ

≫主体的に学習に取り組む態度
○呼応して使われる言葉や文の意味を詳しくする文末表現などを理解しようとしている。

学習活動

小単元名	時数	学習活動	学習の過程
動作の状態や意味をくわしくする言葉	1	○動作の状態や意味を詳しくする言葉を理解する。 ・副詞と副助詞の関係について理解する。 ・文末表現で動作に意味を付け加えたり補ったりする言葉について理解する。	

5年　学図　　　　　　　　　　　　　　　教科書【下】：p.54～57　配当時数：1時間　配当月：12月

読書を広げよう
なぜ本を読むのか／読書の部屋

関連する道徳の内容項目　　A 希望と勇気，努力と強い意志

到達目標

≫ 知識・技能
○思考に関わる語句の量を増し語彙を豊かにしたり，語感や言葉の使い方に対する感覚を意識して，語や語句を使ったりすることができる。
○新しく習う漢字を正しく読んだり書いたりすることができる。

≫ 主体的に学習に取り組む態度　　※「主体的に学習に取り組む態度」は方向目標を示しています。
○「なぜ本を読むのか」について，自分なりの考えをもち，伝えようとする。

評価規準

≫ 知識・技能
○読書をすることによって，語彙を増やしたり言葉の使い方を学んだりしている。
○新しく習う漢字を正しく読んだり書いたりしている。
　　　　　　　　　　　　　　　　　　　　　　　　　　　　　　　　対応する学習指導要領の項目：(1) エ，オ

≫ 主体的に学習に取り組む態度
○「なぜ本を読むのか」について，自分なりの考えをもち，さまざまな種類の本を読んでいる。

学習活動

小単元名	時数	学習活動	学習の過程
なぜ本を読むのか／読書の部屋	1	○「なぜ本を読むのか」について，自分なりの考えをもつ。 ・54・55ページを読み，読書について考えたことを話し合う。 ○56・57ページ「読書の部屋」を参考に，さまざまな種類の本に読み広げる。	

| 5年 | 学図 | 教科書【下】：p.58〜59　配当時数：1時間　配当月：1月 |

季節のたより

冬

到達目標

≫知識・技能
○語感や言葉の使い方に対する感覚を意識して，語や語句を使うことができる。
○近代以降の文語調の文章を音読するなどして，言葉の響きやリズムに親しむことができる。

≫主体的に学習に取り組む態度　※「主体的に学習に取り組む態度」は方向目標を示しています。
○季節に対するものの見方や感じ方に注意して，冬を感じる言葉について考えようとする。

評価規準

≫知識・技能
○教科書の写真や俳句から冬を感じる語句を探し，文章の中で使うとともに語彙を豊かにしている。
○阿波野青畝，高浜虚子の俳句を音読し，言葉の響きやリズムに親しんでいる。

●対応する学習指導要領の項目：(1) オ　(3) ア

≫主体的に学習に取り組む態度
○季節に対するものの見方や感じ方に注意して，冬を感じた瞬間を俳句に表そうとしている。

学習活動

小単元名	時数	学習活動	学習の過程
冬	1	○58・59ページの言葉にまつわる体験を思い出す。 ○教科書の言葉のほかにも冬を感じる言葉を出し合い，俳句を作り，紹介し合う。	

| 5年 | 学図 |

教科書【下】：p.60〜69　配当時数：4時間　配当月：1月

5 論の進め方に着目して読もう

「一本」から見える数え方の世界

主領域　C読むこと

到達目標

≫知識・技能
○語感や言葉の使い方に対する感覚を意識して，語や語句を使うことができる。
○文と文との接続の関係や文章の構成や展開について理解することができる。
○情報と情報との関係付けの仕方，図などによる語句と語句との関係の表し方を理解し使うことができる。
○新しく習う漢字を正しく読んだり書いたりすることができる。

≫思考・判断・表現
○事実と感想，意見などとの関係を叙述をもとに押さえ，文章全体の構成を捉えて要旨を把握することができる。
○文章と図表を結び付けるなどして必要な情報を見つけたり，論の進め方について考えたりすることができる。
○文章を読んで理解したことに基づいて，自分の考えをまとめることができる。

≫主体的に学習に取り組む態度　※「主体的に学習に取り組む態度」は方向目標を示しています。
○筆者の論の進め方について，書かれていることを図や表にまとめながら捉えようとする。

評価規準

≫知識・技能
○「本」という助数詞やほかの助数詞について，数え方を意識して使っている。
○この文章の構成や展開について理解している。
○文章に書かれていることを，図や表に表して読み取っている。
○新しく習う漢字を正しく読んだり書いたりしている。

　　　　　　　　　　　　　　　　　　　　　●対応する学習指導要領の項目：(1) エ，オ，カ　(2) イ

≫思考・判断・表現
○筆者の考えと事例について叙述をもとに整理し，文章全体の構成を捉えて要旨を把握している。
○筆者の考え方を図や表にまとめて整理し，筆者の論の進め方について考えている。
○「『一本』から見える数え方の世界」を読んで理解したことに基づいて，自分の考えをまとめている。

　　　　　　　　　　　　　　　　　　　　　●対応する学習指導要領の項目：C (1) ア，ウ，オ

≫主体的に学習に取り組む態度
○筆者の論の進め方について，書かれていることを図や表にまとめながら捉えようとしている。

学習活動

小単元名	時数	学習活動	学習の過程
「一本」から見える数え方の世界	4	○68・69ページ「学習のてびき」を読み，学習のめあてを確かめる。	見通し
		○全文を読んで2つの大きな疑問を捉え，文章の構成を確かめる。 ・68ページ上段の図を並べ替えて構成を確かめる。 ○筆者が2つの疑問について挙げている事例を表に整理してまとめる。 ・68ページ下段の表を参考にまとめる。 ○文章中のさまざまな絵について，その効果を話し合う。	精査・解釈
		○筆者の意見について自分の考えをもち，話し合う。	考えの形成　共有

| 5年 | 学図 |

教科書【下】：p.70〜75　配当時数：8時間　配当月：1月

調べて書こう
言葉について調べよう

主領域　B書くこと

到達目標

≫知識・技能
○語感や言葉の使い方に対する感覚を意識して，語や語句を使うことができる。
○文と文との接続の関係や文章の構成や展開について理解することができる。
○新しく習う漢字を正しく読んだり書いたりすることができる。

≫思考・判断・表現
○目的や意図に応じて，感じたことや考えたことなどから書くことを選び，集めた材料を分類したり関係付けたりして，伝えたいことを明確にすることができる。
○図やグラフなどを用いて，自分の考えが伝わるように書き表し方を工夫することができる。

≫主体的に学習に取り組む態度　※「主体的に学習に取り組む態度」は方向目標を示しています。
○図や表の効果を理解し，図表を読み取ったり自分の文章に生かしたりしようとする。

評価規準

≫知識・技能
○説明するときにわかりやすい言葉を意識して，語句を選んで使っている。
○調べたことの内容や自分の意見がよく伝わるように，レポートの構成を考えている。
○新しく習う漢字を正しく読んだり書いたりしている。

　　　　　　　　　　　　　　　　　　　　　　　　　　●対応する学習指導要領の項目：(1) エ，オ，カ

≫思考・判断・表現
○普段何気なく使っている日本語について疑問に思ったことから書くことを選び，集めた材料を取捨選択して伝えたいことを明確にしている
○図や表，グラフなどを使って，事実と意見を区別して文章をまとめている。

　　　　　　　　　　　　　　　　　　　　　　　　　　●対応する学習指導要領の項目：B (1) ア，エ

≫主体的に学習に取り組む態度
○図や表の効果を理解し，レポートの中で有効に使うにはどうしたらよいかを考え，使っている。

学習活動

小単元名	時数	学習活動	学習の過程
言葉について調べよう①	1	○「言葉についての疑問を調べ，レポートにまとめる」というめあてを確かめる。	見通し

言葉について調べよう②	2	○言葉についてふり返り，疑問に思うことなどを出し合い，テーマを決める。	題材の設定 情報の収集
		○調べる事柄によって適切な調べ方があることを理解し，自分のテーマに合った調べ方を決める。 ・アンケートの作り方を理解し，必要ならばアンケートを作成する。	内容の検討
言葉について調べよう③	4	○自分のテーマに合った調べ方で調べる。	情報の収集
		○調べてわかったことを整理して，構成表にまとめる。 ・73ページの構成表の項目を参考にする。	構成の検討
		○資料や構成表をもとにレポートを書く。 ・資料や図表などを有効に使うようにする。	記述　推敲
言葉について調べよう④	1	○レポートを読み合い，感想や意見を伝え合う。	共有
		○レポートの書き表し方で工夫したことをふり返る。	ふり返り

| 5年 | 学図 |

教科書【下】：p.76〜80　配当時数：2時間　配当月：2月

物語の読み方を広げよう

ゆず

主領域　C読むこと

関連する道徳の内容項目　B親切, 思いやり

到達目標

≫知識・技能
○思考に関わる語句の量を増し, 語彙を豊かにすることができる。
○比喩や反復の表現の工夫に気づくことができる。
○新しく習う漢字を正しく読んだり書いたりすることができる。

≫思考・判断・表現
○登場人物の相互関係や心情などについて, 描写をもとに捉えることができる。
○人物像や物語の全体像を具体的に想像したり, 表現の効果を考えたりすることができる。

≫主体的に学習に取り組む態度　※「主体的に学習に取り組む態度」は方向目標を示しています。
○文章と対話しながら読む読み方に関心をもち, 「あれ」と思ったところで立ち止まりながら読もうとする。

評価規準

≫知識・技能
○「ゆず」を読んで, 思考に関わる語句を見つけている。
○情景描写と心情の関係を表す表現の工夫に気づいている。
○新しく習う漢字を正しく読んだり書いたりしている。

対応する学習指導要領の項目：(1) エ, オ, ク

≫思考・判断・表現
○少女とおばあさんの関係や, それぞれの心情について, 描写をもとに捉えている。
○登場人物の行動を思いうかべ, 描写と心情の関係に注目しながら, その移り変わりを読んでいる。

対応する学習指導要領の項目：C (1) イ, エ

≫主体的に学習に取り組む態度
○「あれ」と思ったところで立ち止まりながら読み, 行間を読んで物語の全体像を把握しようとしている。

学習活動

小単元名	時数	学習活動	学習の過程
ゆず	2	○「ゆず」を読んで、あらすじをつかむ。 ○文章と対話するように読む方法について考える。 ・脚注の「つぶやき①〜⑩」と文章とを対照させて、書かれている疑問について考える。 ・80ページを読み、「対話して読むこと」について確かめる。	構造と内容の把握

5年 学図　　　教科書【下】：p.81〜81　配当時数：1時間　配当月：2月

言葉をつないで文を作ろう2

4年生で習った漢字②

主領域　B書くこと

到達目標

知識・技能
○第4学年までに配当されている漢字を，文や文章の中で使うことができる。

思考・判断・表現
○絵や目的に合った漢字を使って文を書いたり，間違いを正したりすることができる。

主体的に学習に取り組む態度　※「主体的に学習に取り組む態度」は方向目標を示しています。
○81ページの言葉を使って，絵に合った文を書こうとする。

評価規準

知識・技能
○4年生で学習した漢字を使って文や文章を作っている。

対応する学習指導要領の項目：(1) エ

思考・判断・表現
○絵や目的に合った漢字を使って文を書いたり，間違いを正したりしている。

対応する学習指導要領の項目：B (1) オ

主体的に学習に取り組む態度
○81ページの言葉を使って，競技や試合の結果を伝える文を書いている。

学習活動

小単元名	時数	学習活動	学習の過程
4年生で習った漢字②	1	○81ページにある言葉を使って，競技や試合の結果を伝える文を作る。 ・スポーツニュースの記者になったつもりで書く。 ・間違いがないか確かめる。	推敲

| 5年 | 学図 | | 教科書【下】:p.82〜85　配当時数:2時間　配当月:2月 |

言葉の文化を体験しよう
文語詩　やしの実

関連する道徳の内容項目　C伝統と文化の尊重，国や郷土を愛する態度　D感動，畏敬の念

到達目標

≫知識・技能
○親しみやすい文語調の文章を音読するなどして，言葉の響きやリズムに親しむことができる。
○古典について解説した文章を読んだり作品の内容の大体を知ったりすることを通して，昔の人のものの見方や感じ方を知ることができる。

≫主体的に学習に取り組む態度　※「主体的に学習に取り組む態度」は方向目標を示しています。
○文語詩やその解説を読み，内容の大体を知り，場面の情景を想像しながら音読しようとする。

評価規準

≫知識・技能
○「やしの実」を音読して，言葉の響きやリズムに親しんでいる。
○「やしの実」の脚注部分や解説文を読んで，昔の人のものの見方や感じ方を捉えている。

対応する学習指導要領の項目:(3) ア，イ

≫主体的に学習に取り組む態度
○「やしの実」やその解説を読み，内容の大体を知り，場面の情景を想像しながら音読している。

学習活動

小単元名	時数	学習活動	学習の過程
文語詩　やしの実	2	○「やしの実」の誕生の背景を理解する。 ○「やしの実」を，情景を思いうかべながら音読する。	

| 5年 | 学図 | 教科書【下】：p.86〜89　配当時数：2時間　配当月：2月 |

言葉のいずみ1

漢字の音読みと訓読み

到達目標

>>知識・技能
○漢字の特質について理解することができる。
○新しく習う漢字を正しく読んだり書いたりすることができる。

>>主体的に学習に取り組む態度　※「主体的に学習に取り組む態度」は方向目標を示しています。
○漢字には音読みと訓読みがあることを理解し，読み方や意味に気をつけて適切に使おうとする。

評価規準

>>知識・技能
○漢字の音読みや訓読みについての理解を深めている。
○新しく習う漢字を正しく読んだり書いたりしている。

　　　　　　　　　　　　　　　　　　　　　　　　　　　● 対応する学習指導要領の項目：(1) エ　(3) ウ

>>主体的に学習に取り組む態度
○漢字には音読みと訓読みがあることを理解し，読み方や意味に気をつけて適切に使っている。

学習活動

小単元名	時数	学習活動	学習の過程
漢字の音読みと訓読み①	1	○複数の音読みがある漢字について理解する。 ○同じ音読みの中に複数の意味がある漢字について理解する。	
漢字の音読みと訓読み②	1	○複数の訓読みがある漢字について理解する。 ○複数の読み方がある言葉について理解する。 ○同じ訓読みの漢字について理解する。	

| 5年 | 学図 | 教科書【下】：p.90～107　配当時数：6時間　配当月：2～3月 |

6 描写を手がかりに読もう
大造じいさんとがん

主領域　C読むこと

関連する道徳の内容項目　D生命の尊さ／自然愛護／感動，畏敬の念／よりよく生きる喜び

到達目標

≫知識・技能
○思考に関わる語句の量を増し，話や文章の中で使い語彙を豊かにすることができる。
○比喩や反復などの表現の工夫に気づくことができる。
○新しく習う漢字を正しく読んだり書いたりすることができる。

≫思考・判断・表現
○登場人物の相互関係や心情などについて，描写をもとに捉えることができる。
○人物像や物語の全体像を具体的に想像したり，表現の効果を考えたりすることができる。
○文章を読んで理解したことに基づいて，自分の考えをまとめることができる。
○文章を読んでまとめた意見や感想を共有し，自分の考えを広げることができる。

≫主体的に学習に取り組む態度　※「主体的に学習に取り組む態度」は方向目標を示しています。
○物語の描写に着目して，人物の心情とその変化を捉えようとする。

評価規準

≫知識・技能
○「大造じいさんとがん」を読んで心情を表す描写を見つけ，語彙を豊かにしている。
○情景描写と心情の関係を表す表現の工夫に気づいている。
○新しく習う漢字を正しく読んだり書いたりしている。

　　　　　　　　　　　　　　　　　　　　　　　●対応する学習指導要領の項目：(1) エ，オ，ク

≫思考・判断・表現
○大造じいさんと残雪の関係や心情について，物語の描写をもとに捉えている。
○大造じいさんの人物像や物語の全体像を具体的に想像したり，行動や心情を表す描写の効果を考えたりしている。
○物語を読んで理解したことに基づいて，自分の考えをまとめている。
○物語を読んでまとめた意見や感想を友達と交流し，自分の考えを広げている。

　　　　　　　　　　　　　　　　　　　　　　　●対応する学習指導要領の項目：C (1) イ，エ，オ，カ

≫主体的に学習に取り組む態度
○人物の行動や心情を表す優れた描写に着目して，大造じいさんの心情とその変化を捉えようとしている。

学習活動

小単元名	時数	学習活動	学習の過程
大造じいさんとがん①	1	○106・107ページ「学習のてびき」を読み，学習のめあてを確かめる。	見通し
大造じいさんとがん②	4	○大造じいさんの心情とその変化を読み取る。 ・106ページ上段の表を参考にして，大造じいさんの年ごとの作戦や行動を整理する。 ・106ページ下段の図を参考にして，大造じいさんの残雪への心情を整理する。 ○印象に残っている描写を書き出し，大造じいさんの心情を考える。	精査・解釈
大造じいさんとがん③	1	○情景描写や人物描写の優れているところについて，その効果を話し合う。	考えの形成　共有

| 5年 | 学図 | 教科書【下】：p.108〜115　配当時数：6時間　配当月：3月 |

7 テーマを決めて討論しよう
より良い考え方はどっち？

主領域　A話すこと・聞くこと

関連する道徳の内容項目　B相互理解，寛容

到達目標

≫知識・技能
○言葉には，相手とのつながりをつくる働きがあることに気づくことができる。
○思考に関わる語句の量を増やし討論の中で使っている。
○新しく習う漢字を正しく読んだり書いたりすることができる。

≫思考・判断・表現
○目的や意図に応じて，日常生活の中から話題を決め，集めた材料を分類したり関係付けたりして，伝え合う内容を検討することができる。
○資料を活用するなどして，自分の考えが伝わるように表現を工夫することができる。
○話し手の目的や自分が聞こうとする意図に応じて，話の内容を捉え，話し手の考えと比較しながら自分の考えをまとめることができる。
○互いの立場や意図を明確にしながら計画的に話し合い，考えを広げたりまとめたりすることができる。
○それぞれの立場から考えを伝えるなどして話し合う活動ができる。

≫主体的に学習に取り組む態度　※「主体的に学習に取り組む態度」は方向目標を示しています。
○自分の立場をはっきりさせて討論に臨み，相手側の意見を聞きながら，考えを広げたりまとめたりしようとする。

評価規準

≫知識・技能
○言葉には，相手とのつながりをつくる働きがあることに気づいている。
○考えを言葉に表して討論を行っている。
○新しく習う漢字を正しく読んだり書いたりしている。

●対応する学習指導要領の項目：(1) ア，エ，オ

≫思考・判断・表現
○日常生活の中で関心をもっていることから論題を選び，賛成，反対の立場を決めて材料を集め，伝え合う内容を検討している。
○考えの根拠となるような資料を用意し，討論会で使っている。
○賛成，反対のどちらの意見なのかを理解しながら話を聞き，話し手の考えと比較しながら自分の考えをまとめている。
○賛成，反対の立場を明確にしながら話し合い，自分の考えを広げたりまとめたりしている。
○それぞれの立場から考えを伝えながら討論している。

●対応する学習指導要領の項目：A (1) ア，ウ，エ，オ　(2) ウ

主体的に学習に取り組む態度

○論題に対して賛成か反対かの立場をはっきりさせて討論に臨み，相手側の意見を聞きながら，考えを広げたりまとめたりしている。

学習活動

小単元名	時数	学習活動	学習の過程
より良い考え方はどっち？①	1	○108ページ下段を読み，学習のめあてと学習の流れを確かめる。	見通し
より良い考え方はどっち？②	2	○立場を決め，討論会の準備をする。	話題の設定 情報の収集 考えの形成
		・関心をもっていることを出し合い，1つを選んで論題を決める。	話題の設定
		・賛成，反対の立場を決めて立論を考える。 ・立論カードをもとにして，根拠を明確にするために必要な資料を作る。	情報の収集 考えの形成
		・討論会の前に，立論を発表して，根拠を明確にしておく。	考えの形成　共有
より良い考え方はどっち？③	2	○討論会を行う。 ・112～115の「討論会」の脚注を参考に，進め方を確かめる。 ・役割や立場にしたがって討論会を行う。	表現　共有
より良い考え方はどっち？④	1	○討論会の内容や自分の関わり方について，気づいたことを話し合う。	ふり返り

| 5年 | 学図 | | 教科書【下】：p.116～117　配当時数：1時間　配当月：3月 |

言葉のいずみ2

日本語の文字の歴史

関連する道徳の内容項目　C伝統と文化の尊重，国や郷土を愛する態度

到達目標

≫知識・技能
○仮名の由来について理解することができる。
○新しく習う漢字を正しく読んだり書いたりすることができる。

≫主体的に学習に取り組む態度　※「主体的に学習に取り組む態度」は方向目標を示しています。
○日本語の文字の歴史について興味をもち，由来を理解しようとする。

評価規準

≫知識・技能
○日本語の文字の歴史について理解している。
○新しく習う漢字を正しく読んだり書いたりしている。

● 対応する学習指導要領の項目：(1) エ　(3) ウ

≫主体的に学習に取り組む態度
○漢字・平仮名・片仮名の由来を知り，日本語の表記についての理解を深めている。

学習活動

小単元名	時数	学習活動	学習の過程
日本語の文字の歴史	1	○日本語を書き表すために，中国から伝わった漢字を利用した方法を理解する。 ・日本語と同じ意味の漢字を用いる方法 ・漢字の音を利用して書き表す方法 ○平仮名・片仮名の誕生について理解する。 ○漢字仮名交じり文について理解する。	

| 5年 | 学図 | | 教科書【下】：p.118～118　配当時数：1時間　配当月：3月 |

漢字の広場2
五年生で学ぶ漢字

到達目標

≫知識・技能
○新しく習う漢字を正しく読んだり書いたりすることができる。

≫主体的に学習に取り組む態度　※「主体的に学習に取り組む態度」は方向目標を示しています。
○118ページに出てくる新出漢字を声に出して読んだりノートに書き写したりしようとする。

評価規準

≫知識・技能
○新しく習う漢字を正しく読んだり書いたりしている。
　　　　　　　　　　　　　　　　　　　　　　　　　　対応する学習指導要領の項目：(1) エ

≫主体的に学習に取り組む態度
○118ページに出てくる新出漢字を，声に出して読んだりノートに書き写したりしている。

学習活動

小単元名	時数	学習活動	学習の過程
五年生で学ぶ漢字	1	○118ページに出てくる新出漢字を読み書きする。	

5年	学図

教科書【下】：p.119～119　配当時数：1時間　配当月：3月

言葉をつないで文を作ろう

4年生で習った漢字③

主領域　B書くこと

到達目標

≫知識・技能
○第4学年までに配当されている漢字を，文や文章の中で使うことができる。

≫思考・判断・表現
○絵や目的に合った漢字を使って文を書いたり，間違いを正したりすることができる。

≫主体的に学習に取り組む態度　※「主体的に学習に取り組む態度」は方向目標を示しています。
○119ページの言葉を使って，絵に合った文を書こうとする。

評価規準

≫知識・技能
○4年生で学習した漢字を使って文や文章を作っている。

　　　　　　　　　　　　　　　　　　　　　● 対応する学習指導要領の項目：(1) エ

≫思考・判断・表現
○絵や目的に合った漢字を使って文を書いたり，間違いを正したりしている。

　　　　　　　　　　　　　　　　　　　　　● 対応する学習指導要領の項目：B (1) オ

≫主体的に学習に取り組む態度
○119ページの言葉を使って，社会の出来事を伝える文を書いている。

学習活動

小単元名	時数	学習活動	学習の過程
4年生で習った漢字③	1	○119ページにある言葉を使って，社会の出来事を伝える文を作る。 ・新聞記者になったつもりで書く。 ・間違いがないか確かめる。	推敲

| 5年 | 学図 |

教科書【下】：p.120〜121　配当時数：1時間　配当月：3月

これからのあなたへ
小さな質問

主領域　C読むこと

到達目標

≫知識・技能
○文章の構成や展開について理解することができる。

≫思考・判断・表現
○文章を読んでまとめた意見や感想を共有し，自分の考えを広げることができる。
○詩を読み，内容を説明したり，自分の生き方などについて考えたことを伝え合ったりする活動ができる。

≫主体的に学習に取り組む態度　※「主体的に学習に取り組む態度」は方向目標を示しています。
○詩の優れた描写に関心をもち，感想を共有して自分の考えを広げようとする。

評価規準

≫知識・技能
○地の文，質問と答えの文章構成を理解している。
　　　　　　　　　　　　　　　　　　　　　　　　　　　　●対応する学習指導要領の項目：(1) カ

≫思考・判断・表現
○詩に描かれている情景や心情を思いうかべながら音読している。
○詩の情景を思いうかべ，描写と心情の関係に注目しながら読み，自分の考えを伝え合っている。
　　　　　　　　　　　　　　　　　　　　　　　　　　　　●対応する学習指導要領の項目：C (1) カ　(2) イ

≫主体的に学習に取り組む態度
○詩の優れた描写に関心をもち，感想を共有して自分の考えを広げようとしている。

学習活動

小単元名	時数	学習活動	学習の過程
小さな質問	1	○詩に描かれている情景や心情を思いうかべながら音読する。	構造と内容の把握
		○詩を読んだ感想や考えたことを伝え合い，自分の考えを深める。	考えの形成　共有

| 5年 | 学図 | 教科書【下】: p.122〜124　配当時数：2時間　配当月：3月 |

五年生の国語学習でついた力を確かめよう
五年生をふり返って

主領域　B書くこと

到達目標

知識・技能
○敬体と常体の違いに注意しながら書くことができる。

思考・判断・表現
○相手や目的を意識して，経験したことや想像したことなどから書くことを選び，集めた材料を比較したり分類したりして，伝えたいことを明確にすることができる。

主体的に学習に取り組む態度　※「主体的に学習に取り組む態度」は方向目標を示しています。
○１年間の学びをふり返り，今後の学習に生かそうとする。

評価規準

知識・技能
○１年間の学習でためになったことや，これからも続けたいことを，敬体と常体の違いに注意しながら書いている。
　　　　　　　　　　　　　　　　　　　　　　　　　　　　　●対応する学習指導要領の項目：(1) キ

思考・判断・表現
○自分がいちばんがんばった学習，学んだこと，これからもがんばっていきたいことなどの中から書くことを選び，伝えたいことを明確にして書いている。
　　　　　　　　　　　　　　　　　　　　　　　　　　　　　●対応する学習指導要領の項目：B (1) ア

主体的に学習に取り組む態度
○１年間の学びをふり返り，今後の学習に生かそうとしている。

学習活動

小単元名	時数	学習活動	学習の過程
五年生をふり返って①	1	○122・123ページをもとに5年生の国語の学びをふり返り，印象に残っている学習を伝え合う。	情報の収集　共有
五年生をふり返って②	1	○国語の学習でためになったことやこれからも続けたいことを書く。	記述　共有

MEMO

| 6年 | 学図 | | 教科書【上】：p.0～1　配当時数：1時間　配当月：4月 |

出発

| 主領域 | C読むこと |
| 関連する道徳の内容項目 | A希望と勇気，努力と強い意志 |

到達目標

≫知識・技能
○詩を音読したり朗読したりすることができる。

≫思考・判断・表現
○詩の全体像を具体的に想像したり，表現の効果を考えたりすることができる。

≫主体的に学習に取り組む態度　※「主体的に学習に取り組む態度」は方向目標を示しています。
○詩に描かれた心情や情景を思いうかべながら音読しようとする。

評価規準

≫知識・技能
○情景や心情を思いうかべながら詩を朗読している。
　　　　　　　　　　　　　　　　　　　　　　　　　　● 対応する学習指導要領の項目：(1) ケ

≫思考・判断・表現
○連ごとの繰り返し表現の効果を考えながら，詩に描かれた情景や心情を具体的に想像している。
　　　　　　　　　　　　　　　　　　　　　　　　　　● 対応する学習指導要領の項目：C (1) エ

≫主体的に学習に取り組む態度
○「出発」に描かれた心情や情景を思いうかべながら音読している。

学習活動

小単元名	時数	学習活動	学習の過程
出発	1	○詩に描かれた場面の情景や人物の心情について考える。 ○行の分け方や言葉遣いなど表現の効果について話し合う。	構造と内容の把握
		○情景や心情が表れるように音読する。	考えの形成　共有

| 6年 | 学図 | | 教科書【上】：p.14～15　配当時数：2時間　配当月：4月 |

言葉でつながる

プラス思考でアドバイス―みんなのなやみを解決しよう

主領域　A 話すこと・聞くこと

関連する道徳の内容項目　B 親切，思いやり／友情，信頼

到達目標

≫知識・技能
○言葉には，相手とのつながりをつくる働きがあることに気づくことができる。

≫思考・判断・表現
○互いの立場や意図を明確にしながら話し合い，考えを広げたりまとめたりすることができる。

≫主体的に学習に取り組む態度　※「主体的に学習に取り組む態度」は方向目標を示しています。
○友達の悩み事に対して，よいアドバイスをしようとする。

評価規準

≫知識・技能
○言葉には，話し手と聞き手の間に好ましい関係を築き，継続させる働きがあることに気づいている。
　　　　　　　　　　　　　　　　　　　　　　　　　　対応する学習指導要領の項目：(1) ア

≫思考・判断・表現
○相手の状況を聞いて理解し，話題に沿って自分の考えを話している。
　　　　　　　　　　　　　　　　　　　　　　　　　　対応する学習指導要領の項目：A (1) オ

≫主体的に学習に取り組む態度
○友達の悩み事に対して，よいアドバイスをしようとしている。

学習活動

小単元名	時数	学習活動	学習の過程
プラス思考でアドバイス―みんなのなやみを解決しよう	2	○相手の状況を理解して，相手の状況に合った自分の考えを話す。 ○14・15 ページを読み，進め方を確かめる。	話題の把握
		○教科書の進め方に沿って悩みを出し合い，みんなでアドバイスをする。	表現　共有

6年　学図　　　　　　　　　　　　　　教科書【上】：p.16〜29　配当時数：6時間　配当月：4月

1 変化の要因を捉えて読もう
誓約書

主領域　C読むこと

到達目標

≫知識・技能
○物語を音読したり朗読したりすることができる。
○情報と情報との関係付けの仕方，図などによる語句と語句との関係の表し方を理解し使うことができる。
○新しく習う漢字を正しく読んだり書いたりすることができる。

≫思考・判断・表現
○登場人物の相互関係や心情について，描写をもとに捉えることができる。
○人物像や物語の全体像を具体的に想像したり，表現の効果を考えたりすることができる。
○文章を読んで理解したことに基づいて，自分の考えを広げることができる。
○物語を読み，内容を説明したり，自分の生き方などについて考えたことを伝え合ったりする活動ができる。

≫主体的に学習に取り組む態度　※「主体的に学習に取り組む態度」は方向目標を示しています。
○人物どうしの関係から物語の構造をつかみ，出来事から心情の変化を押さえようとする。

評価規準

≫知識・技能
○正行や正孝の心情を捉えて音読している。
○登場人物の相互関係を図に表して理解している。
○新しく習う漢字を正しく読んだり書いたりしている。

対応する学習指導要領の項目：(1) エ，ケ　(2) イ

≫思考・判断・表現
○正行，正孝親子とまたたびトラベルの若者との関係や，正孝の心情の変化について，叙述をもとに捉えている。
○正行や正孝の人物像を想像したり，過去の出来事が絡んでくることの表現の効果を考えたりしている。
○「誓約書」を読んで理解した人物の相互関係や心情の変化について，自分の考えを広げている。
○物語を読み，登場人物どうしの関係や物語の構造を説明したり，考えたことを伝え合う活動をしている。

対応する学習指導要領の項目：C (1) イ，エ，オ　(2) イ

≫主体的に学習に取り組む態度
○正行，正孝とまたたびトラベルの若者の関係から物語の構造をつかみ，現在と過去の2つの出来事から心情の変化を押さえようとする。

学習活動

小単元名	時数	学習活動	学習の過程
誓約書①	1	○28・29ページ「学習のてびき」を読み，学習のめあてを確かめる。	見通し
		○物語全文を読んで，登場人物の相互関係を捉える。 ・28ページ上段の図を参考に，物語の全体を押さえる。	構造と内容の把握
誓約書②	4	○正行のまたたびトラベルでの出来事を捉え，正行の心情を読み取る。 ○正孝のまたたびトラベルでの出来事を捉え，正孝の心情を読み取る。 ○物語の最後の場面の正孝の心情を捉え，変化のきっかけとなった出来事について話し合う。	精査・解釈
誓約書③	1	○登場人物の心情の変化や立場の違いなど，観点を決めて感想を話し合う。	考えの形成　共有

| 6年 | 学図 | | 教科書【上】：p.30〜33　配当時数：3時間　配当月：4月 |

言葉のきまり1

前後のつながりを示す言葉

到達目標

≫知識・技能
○文と文との接続の関係について理解することができる。
○新しく習う漢字を正しく読んだり書いたりすることができる。

≫主体的に学習に取り組む態度　※「主体的に学習に取り組む態度」は方向目標を示しています。
○接続語の働きを理解して，文の中で適切に使おうとする。

評価規準

≫知識・技能
○接続語の働きを理解して，文の中で正しく使ったり，文の中で正しく書いたりしている。
○新しく習う漢字を正しく読んだり書いたりしている。

　　　　　　　　　　　　　　　　　　　　　　　　　　　　　　対応する学習指導要領の項目：(1) エ，カ

≫主体的に学習に取り組む態度
○接続語の働きを理解して，文の中で適切に使おうとしている。

学習活動

小単元名	時数	学習活動	学習の過程
前後のつながりを示す言葉	3	○接続語とはどのような言葉かを理解する。 ○接続語の働きを理解する。 ○32ページの設問に取り組み，①〜⑦について，接続語の働きのア〜キのどれにあたるかを考える。 ○接続助詞の働きを理解する。	

6年　学図　　　　　　　　　　　教科書【上】：p.34〜35　配当時数：1時間　配当月：5月

季節のたより

春

到達目標

≫知識・技能
○語感や言葉の使い方に対する感覚を意識して，語や語句を使うことができる。
○近代以降の文語調の文章を音読するなどして，言葉の響きやリズムに親しむことができる。

≫主体的に学習に取り組む態度　※「主体的に学習に取り組む態度」は方向目標を示しています。
○季節に対するものの見方や感じ方に注意して，春を感じる言葉について考えようとする。

評価規準

≫知識・技能
○教科書の写真や文章から春を感じる語句を探し，文章の中で使うとともに語彙を豊かにしている。
○高野辰之の詩を音読し，言葉の響きやリズムに親しんでいる。
○春を表す二十四節気について知り，昔の季節感に触れている。

　　　　　　　　　　　　　　　　　　　　　　　　　　　　●対応する学習指導要領の項目：(1) オ　(3) ア

≫主体的に学習に取り組む態度
○季節に対するものの見方や感じ方に注意して，春から夏への移り変わりを短歌に表そうとしている。

学習活動

小単元名	時数	学習活動	学習の過程
春	1	○二十四節気や春に関わる言葉を調べる。 ○教科書の言葉のほかにも春に関わる言葉を出し合い，短歌を作り，紹介し合う。	

6年　学図　　　　　　　　　　　　　　　　教科書【上】：p.36～38　配当時数：2時間　配当月：5月

言葉の泉1
漢字の成り立ち

到達目標

>> 知識・技能
○漢字の由来について理解することができる。
○新しく習う漢字を正しく読んだり書いたりすることができる。

>> 主体的に学習に取り組む態度　※「主体的に学習に取り組む態度」は方向目標を示しています。
○漢字の由来に関心をもち，これまでに学習した漢字の成り立ちについてまとめようとする。

評価規準

>> 知識・技能
○漢字の成り立ちを理解して，文の中で正しく使ったり，文の中で正しく書いたりしている。
○新しく習う漢字を正しく読んだり書いたりしている。

●対応する学習指導要領の項目：(1) エ　(3) ウ

>> 主体的に学習に取り組む態度
○漢字の由来に関心をもち，これまでに学習した漢字の成り立ちについてまとめている。

学習活動

小単元名	時数	学習活動	学習の過程
漢字の成り立ち	2	○これまでに学習した漢字の4種類の成り立ちをふり返る。 ○36～38ページにある設問に取り組み，4種類の成り立ちを確かめる。	

| 6年 | 学図 | 教科書【上】：p.39〜39　配当時数：1時間　配当月：5月 |

言葉をつないで文を作ろう1

5年生で習った漢字①

主領域　B書くこと

到達目標

≫知識・技能
○第5学年までに配当されている漢字を，文や文章の中で使うことができる。

≫思考・判断・表現
○絵や目的に合った漢字を使って文を書いたり，間違いを正したりすることができる。

≫主体的に学習に取り組む態度　※「主体的に学習に取り組む態度」は方向目標を示しています。
○39ページの言葉を使って，絵に合った文を書こうとする。

評価規準

≫知識・技能
○5年生で学習した漢字を使って文や文章を作っている。
　　　　　　　　　　　　　　　　　　　　　　　　●対応する学習指導要領の項目：(1) エ

≫思考・判断・表現
○絵や目的に合った漢字を使って文を書いたり，間違いを正したりしている。
　　　　　　　　　　　　　　　　　　　　　　　　●対応する学習指導要領の項目：B (1) オ

≫主体的に学習に取り組む態度
○39ページの言葉を使って，町の出来事を伝える文を書いている。

学習活動

小単元名	時数	学習活動	学習の過程
5年生で習った漢字①	1	○39ページにある言葉を使って，町の出来事を伝える文を作る。 ・新聞記者になったつもりで書く。 ・間違いがないか確かめる。	推敲

6年　学図　　　　　　　　　　　　　　　　　教科書【上】：p.40〜41　配当時数：2時間　配当月：5月

言葉を受け止めよう
話し合ってまとめよう

主領域　A話すこと・聞くこと

関連する道徳の内容項目　B相互理解，寛容

到達目標

≫知識・技能
○言葉には，相手とのつながりをつくる働きがあることに気づくことができる。
○新しく習う漢字を正しく読んだり書いたりすることができる。

≫思考・判断・表現
○互いの立場や意図を明確にしながら計画的に話し合い，考えを広げたりまとめたりすることができる。

≫主体的に学習に取り組む態度　※「主体的に学習に取り組む態度」は方向目標を示しています。
○合意形成のためにさまざまな意見を出し合って話し合おうとする。

評価規準

≫知識・技能
○言葉によって，相手と良好な関係を築くことができることに気づいている。
○新しく習う漢字を正しく読んだり書いたりしている。
　　　　　　　　　　　　　　　　　　　　　　●対応する学習指導要領の項目：(1) ア，エ

≫思考・判断・表現
○新入生へのプレゼントについて，それぞれが考えたふさわしい理由を出し合い，考えを広げたりまとめたりしている。
　　　　　　　　　　　　　　　　　　　　　　●対応する学習指導要領の項目：A (1) オ

≫主体的に学習に取り組む態度
○合意形成のためにそれぞれの意見をはっきり出し合い，話し合って考えをまとめている。

学習活動

小単元名	時数	学習活動	学習の過程
話し合ってまとめよう	2	○40・41ページを読み，進め方を確かめる。	話題の設定
		○新入生へのプレゼントを選び，候補の中から1つ選ぶ話し合いをする。 ・目的や条件を確かめる。 ・友達の考えを否定せず，疑問点は質問するなどしながら全員が納得するまで話し合う。 ○学習をふり返り，話し合いの仕方について考えたことを伝え合う。	表現　共有

| 6年 | 学図 | 教科書【上】：p.42〜53　配当時数：5時間　配当月：5〜6月 |

2 視野を広げて読もう

ＡＩで言葉と向き合う／ＡＩ（人工知能）と私たちの未来

主領域　C読むこと

到達目標

≫知識・技能
○語感や言葉の使い方に対する感覚を意識して語や語句を使うことができる。
○文章の構成や展開について理解することができる。
○新しく習う漢字を正しく読んだり書いたりすることができる。

≫思考・判断・表現
○事実と感想，意見などとの関係を叙述をもとに押さえ，文章全体の構成を捉えて要旨を把握することができる。
○文章と図表を結び付けるなどして必要な情報を見つけたり，論の進め方について考えたりすることができる。
○文章を読んで理解したことに基づいて，自分の考えをまとめることができる。
○文章を読んでまとめた意見や感想を共有し，自分の考えを広げることができる。
○説明や解説などの文章を比較して読み，わかったことや考えたことを話し合ったり文章にまとめたりする活動ができる。

≫主体的に学習に取り組む態度　※「主体的に学習に取り組む態度」は方向目標を示しています。
○人工知能と人の知能との関係に関心をもち，ＡＩと人間の共存について自分の考えをもとうとする。

評価規準

≫知識・技能
○オノマトペに対する感覚を意識して語や語句を使っている。
○問いと答えで構成されている文章の構造を理解している。
○新しく習う漢字を正しく読んだり書いたりしている。

　　　　　　　　　　　　　　　　　　　　　　　　　●対応する学習指導要領の項目：(1) エ，オ，カ

≫思考・判断・表現
○筆者の主張と事例との関係を叙述をもとに押さえ，文章の要旨を捉えている。
○説明とデータを結び付けて筆者の主張の根拠を見つけたり，筆者の論の進め方について考えたりしている。
○「ＡＩで言葉と向き合う」を読んで理解したことに基づいて自分の考えをまとめている。
○「ＡＩで言葉と向き合う」を読んでまとめた意見や感想を友達と交流し，自分の考えを広げている。
○「ＡＩ（人工知能）と私たちの未来」を読み，これからのＡＩとの付き合い方について話し合っている。

　　　　　　　　　　　　　　　　　　　●対応する学習指導要領の項目：C (1) ア，ウ，オ，カ　(2) ア

≫主体的に学習に取り組む態度
○人工知能で人間の「感覚」を表現できるのかという筆者の課題に関心をもち，ＡＩと人間の共存について自分の考えをもとうとしている。

学習活動

小単元名	時数	学習活動	学習の過程
ＡＩで言葉と向き合う	4	○50・51ページ「学習のてびき」を読み，学習のめあてを確かめる。	見通し
		○全文を読み，50ページ上段の表を参考にして，要点を表にまとめる。 ・筆者が設定した「問い」と「答え」，筆者の主張の関係をつかむ。	構造と内容の把握
		○事例をもとに文章全体の要旨をまとめる。	精査・解釈
		○筆者の考え方や論の進め方に対して考えたことを話し合う。	考えの形成　共有
ＡＩ（人工知能）と私たちの未来	1	○「ＡＩ（人工知能）と私たちの未来」を読み，これからのＡＩとの付き合い方について話し合う。	考えの形成　共有

6年　学図　　　　　　　　　　　　　　教科書【上】：p.54〜56　配当時数：4時間　配当月：6月

文章の書き方・まとめ方
さまざまな表現の工夫

主領域　B書くこと

到達目標

≫知識・技能
○比喩や反復などの表現の工夫に気づくことができる。
○文章を音読することができる。
○新しく習う漢字を正しく読んだり書いたりすることができる。

≫思考・判断・表現
○感じたことや考えたことなどから書くことを選び，伝えたいことを明確にすることができる。
○文章全体の構成や書き表し方などに着目して，文や文章を整えることができる。

≫主体的に学習に取り組む態度　※「主体的に学習に取り組む態度」は方向目標を示しています。
○さまざまな表現技法に関心をもち，詩や作文を書くときに生かそうとする。

評価規準

≫知識・技能
○表現技法 (対句，反復，倒置，比喩，擬人法など) について理解している。
○文章を音読している。
○新しく習う漢字を正しく読んだり書いたりしている。
　　　　　　　　　　　　　　　　　　　　　　　対応する学習指導要領の項目：(1) エ，ク，ケ

≫思考・判断・表現
○日常生活の中から書くことを選び，感じたことや考えたことなど伝えたいことを明確にしている。
○作文や詩を書くときに，表現技法や書き出し，描写などの工夫をして文章を整えている。
　　　　　　　　　　　　　　　　　　　　　　　対応する学習指導要領の項目：B (1) ア，オ

≫主体的に学習に取り組む態度
○さまざまな表現技法に関心をもち，詩や作文を書くときに生かそうとしている。

学習活動

小単元名	時数	学習活動	学習の過程
さまざまな表現の工夫①	2	○詩の表現技法 (対句，反復，倒置，比喩，擬人法) について理解し，実際の詩「卒業式」で確かめる。 ○文章の表現方法 (書き出し，豊かな描写，展開のリズム) について，56ページの文章で確かめる。	内容の検討

| さまざまな表現の工夫② | 2 | ○表現技法を使って詩や文章を書き，工夫したことを伝え合う。 | 記述　推敲 |

| 6年 | 学図 | 教科書【上】：p.57〜57　配当時数：1時間　配当月：6月 |

漢字の広場1

六年生で学ぶ漢字

到達目標

≫知識・技能
○新しく習う漢字を正しく読んだり書いたりすることができる。

≫主体的に学習に取り組む態度　※「主体的に学習に取り組む態度」は方向目標を示しています。
○57ページに出てくる新出漢字を声に出して読んだりノートに書き写したりしようとする。

評価規準

≫知識・技能
○新しく習う漢字を正しく読んだり書いたりしている。
　　　　　　　　　　　　　　　　　　　　　　　　　　　　　　対応する学習指導要領の項目：(1) エ

≫主体的に学習に取り組む態度
○57ページに出てくる新出漢字を，声に出して読んだりノートに書き写したりしている。

学習活動

小単元名	時数	学習活動	学習の過程
六年生で学ぶ漢字	1	○57ページに出てくる新出漢字を読み書きする。	

| 6年 学図 | 教科書【上】：p.58〜65　配当時数：8時間　配当月：6月 |

3 立場を決めて討論しよう
パネルディスカッションをしよう

主領域　A話すこと・聞くこと

関連する道徳の内容項目　Cよりよい学校生活，集団生活の充実　D自然愛護

到達目標

》知識・技能
○言葉には，相手とのつながりをつくる働きがあることに気づくことができる。
○思考に関わる語句の量を増し，話の中で使うとともに，語感や言葉の使い方に対する感覚を意識して，語や語句を使うことができる。
○新しく習う漢字を正しく読んだり書いたりすることができる。

》思考・判断・表現
○目的や意図に応じて，日常生活の中から話題を決め，集めた材料を分類したり関係付けたりして，伝え合う内容を検討することができる。
○資料を活用するなどして，自分の考えが伝わるように表現を工夫することができる。
○話し手の目的や自分が聞こうとする意図に応じて，話の内容を捉え，話し手の考えと比較しながら自分の考えをまとめることができる。
○互いの立場や意図を明確にしながら話し合い，考えを広げたりまとめたりすることができる。
○それぞれの立場から考えを伝えるなどして話し合う活動ができる。

》主体的に学習に取り組む態度　※「主体的に学習に取り組む態度」は方向目標を示しています。
○パネルディスカッションに関心をもち，その方法を理解した上で，自分の立場を明らかにして相手の考えと比べながら話し合おうとする。

評価規準

》知識・技能
○言葉には，相手とのつながりをつくる働きがあることに気づいている。
○自分の提案を，相手を納得させられるような言葉を選んで理由とともに話している。
○新しく習う漢字を正しく読んだり書いたりしている。

　　　　　　　　　　　　　　　　　　　　　　　　　　　　　●対応する学習指導要領の項目：(1) ア，エ，オ

》思考・判断・表現
○話し合う観点をあらかじめ決め，提案する内容や具体的な方法をメモしたり提示資料を作ったりしている。
○討論するときに資料を活用するなどして，自分の考えが伝わるように工夫して話している。
○パネルディスカッションを開いて互いの意見を比べながら話し合っている。
○互いの立場や意図を明確にしながら話し合い，考えを広げたりまとめたりしている。
○それぞれの立場から考えを伝えるなどしてパネルディスカッションをしている。

　　　　　　　　　　　　　　　　　　　　　　　　　　●対応する学習指導要領の項目：A (1) ア，ウ，エ，オ　(2) ウ

≫ **主体的に学習に取り組む態度**

○パネルディスカッションに関心をもち，その方法を理解した上で，自分の立場を明らかにして相手の考えと比べながら話し合おうとしている。

学習活動

小単元名	時数	学習活動	学習の過程
パネルディスカッションをしよう①	1	○58ページ下段を読み，学習のめあてと学習の流れを確かめる。	見通し
		○クラスでパネルディスカッションのテーマを決める。	話題の設定
パネルディスカッションをしよう②	4	○テーマに沿って立場を決め，パネルディスカッションの準備をする。	話題の設定
		・提案内容に沿って立場が同じ人どうしでグループ作りをする。 ・グループ内で，提案内容をまとめる，資料を作るなど役割分担をする。 ・提案内容や理由がはっきり伝わるような資料を作る。	情報の収集 内容の検討
パネルディスカッションをしよう③	2	○役割に従ってパネルディスカッションを行う。	表現　共有
パネルディスカッションをしよう④	1	○パネルディスカッションをふり返り，評価し合う。 ・司会者…計画通りに話し合いをすすめることができたか ・パネリスト…自分の立場を明らかにして提案することができたか ・フロア…自分の考えを深めたり広げたりすることができたか	ふり返り

| 6年 | 学図 | | 教科書【上】：p.66～67　配当時数：1時間　配当月：7月 |

季節のたより
夏

到達目標

≫知識・技能
○語感や言葉の使い方に対する感覚を意識して，語や語句を使うことができる。
○近代以降の文語調の文章を音読するなどして，言葉の響きやリズムに親しむことができる。

≫主体的に学習に取り組む態度　※「主体的に学習に取り組む態度」は方向目標を示しています。
○季節に対するものの見方や感じ方に注意して，夏を感じる言葉について考えようとする。

評価規準

≫知識・技能
○教科書の写真や文章から夏を感じる語句を探し，文章の中で使うとともに語彙を豊かにしている。
○佐々木信綱の短歌を音読し，言葉の響きやリズムに親しんでいる。
○夏を表す二十四節気について知り，昔の季節感に触れている。

　　　　　　　　　　　　　　　　　　　　　　　　　●対応する学習指導要領の項目：(1) オ　(3) ア

≫主体的に学習に取り組む態度
○季節に対するものの見方や感じ方に注意して，夏から秋への移り変わりを短歌に表そうとしている。

学習活動

小単元名	時数	学習活動	学習の過程
夏	1	○二十四節気や夏に関わる言葉を調べる。 ○教科書の言葉のほかにも夏に関わる言葉を出し合い，短歌を作り，紹介し合う。	

| 6年 | 学図 | | 教科書【上】：p.68〜71　配当時数：2時間　配当月：7月 |

類推しよう
経験や知識をもとに導き出そう

主領域　C読むこと

到達目標

≫知識・技能
○情報と情報との関係付けの仕方を理解し，使うことができる。
○新しく習う漢字を正しく読んだり書いたりすることができる。

≫思考・判断・表現
○文章を読んで理解したことに基づいて，自分の考えをまとめることができる。
○文章を読んでまとめた意見や感想を共有し，自分の考えを広げることができる。

≫主体的に学習に取り組む態度　※「主体的に学習に取り組む態度」は方向目標を示しています。
○身の回りの事象について，自分の持っている知識や経験をもとに類推して考えようとする。

評価規準

≫知識・技能
○ある情報から類推するやり方を理解し，使っている。
○新しく習う漢字を正しく読んだり書いたりしている。

　　　　　　　　　　　　　　　　　　　　　　　　● 対応する学習指導要領の項目：(1) エ　(2) イ

≫思考・判断・表現
○類推について理解したことについて自分の考えをまとめている。
○「大造じいさんとがん」の文について類推しながら読み，自分の考えを伝え合っている。

　　　　　　　　　　　　　　　　　　　　　　　　● 対応する学習指導要領の項目：C (1) オ，カ

≫主体的に学習に取り組む態度
○身の回りの事象について，自分の持っている知識や経験をもとに類推して考えようとしている。

学習活動

小単元名	時数	学習活動	学習の過程
経験や知識をもとに導き出そう	2	○「類推ゲーム」を行い，類推することについて知る。	構造と内容の理解
		○「大造じいさんとがん」の文について類推しながら読み，自分の考えを伝え合う。	考えの形成　共有

6年　学図　　　　　　　　　　　教科書【上】：p.72～73　配当時数：2時間　配当月：7月

言葉をおくろう
電子メールで質問しよう

主領域　B書くこと

関連する道徳の内容項目　B礼儀

到達目標

知識・技能
○言葉には，相手とのつながりをつくる働きがあることに気づくことができる。
○日常よく使われる敬語を理解し使い慣れることができる。
○新しく習う漢字を正しく読んだり書いたりすることができる。

思考・判断・表現
○筋道の通った文章となるように，文章全体の構成や展開を考えることができる。
○文章全体の構成や書き表し方などに着目して，文や文章を整えることができる。

主体的に学習に取り組む態度　※「主体的に学習に取り組む態度」は方向目標を示しています。
○電子メールに関心をもち，その書き方を理解しようとする。

評価規準

知識・技能
○言葉には，相手とのつながりをつくる働きがあることに気づいている。
○電子メールにおいても敬語を使うことを理解し，使っている。
○新しく習う漢字を正しく読んだり書いたりしている。
　　　　　　　　　　　　　　　　　　　　　　　　　対応する学習指導要領の項目：(1) ア，エ，キ

思考・判断・表現
○電子メールの「前文」「本文」「末文」の書き方を理解し，構成や展開を考えている。
○電子メール全体の構成や，段落と段落の間は1行空けること，敬語を使うことなどに気をつけて文章を整えている。
　　　　　　　　　　　　　　　　　　　　　　　　　対応する学習指導要領の項目：B (1) イ，オ

主体的に学習に取り組む態度
○電子メールに関心をもち，その書き方を理解しようとしている。

学習活動

小単元名	時数	学習活動	学習の過程
電子メールで質問しよう	2	○電子メールの書き方を理解する。 ・「前文」「本文」「末文」の3つで構成する。 ・宛先に間違いがないか，件名は適切か，失礼のない表現になっているか，読みやすく書けているかなど確かめる。	

| 6年 | 学図 | | 教科書【上】：p.74〜74　配当時数：1時間　配当月：7月 |

言葉をつないで文を作ろう2

5年生で習った漢字②

主領域　B書くこと

到達目標

≫知識・技能
○第5学年までに配当されている漢字を，文や文章の中で使うことができる。

≫思考・判断・表現
○絵や目的に合った漢字を使って文を書いたり，間違いを正したりすることができる。

≫主体的に学習に取り組む態度　※「主体的に学習に取り組む態度」は方向目標を示しています。
○74ページの言葉を使って，絵に合った文を書こうとする。

評価規準

≫知識・技能
○5年生で学習した漢字を使って文や文章を作っている。

　　　　　　　　　　　　　　　　　　　　　　　　●対応する学習指導要領の項目：(1) エ

≫思考・判断・表現
○絵や目的に合った漢字を使って文を書いたり，間違いを正したりしている。

　　　　　　　　　　　　　　　　　　　　　　　　●対応する学習指導要領の項目：B (1) オ

≫主体的に学習に取り組む態度
○74ページの言葉を使って，会社の様子を伝える文を書いている。

学習活動

小単元名	時数	学習活動	学習の過程
5年生で習った漢字②	1	○74ページにある言葉を使って，会社の様子を伝える文を作る。 ・会社見学に行ったつもりで書く。 ・間違いがないか確かめる。	推敲

| 6年 | 学図 | 教科書【上】：p.75〜93　配当時数：4時間　配当月：7月 |

読書に親しもう

絵を見て語り合おう／フリードルとテレジンの小さな画家たち／読書の部屋

主領域　C読むこと

関連する道徳の内容項目　A希望と勇気，努力と強い意志　B親切，思いやり　C国際理解，国際親善／D生命の尊さ／感動，畏敬の念／よりよく生きる喜び

到達目標

≫知識・技能
○話や文章の構成や展開，話や文章の種類とその特徴について理解することができる。
○日常的に読書に親しみ，読書が，自分の考えを広げることに役立つことに気づくことができる。
○新しく習う漢字を正しく読んだり書いたりすることができる。

≫思考・判断・表現
○人物像や文章の全体像を具体的に想像したり，表現の効果を考えたりすることができる。
○文章を読んで理解したことに基づいて，自分の考えをまとめることができる。
○文章を読み，内容を説明したり，自分の生き方などについて考えたことを伝え合ったりする活動ができる。

≫主体的に学習に取り組む態度　※「主体的に学習に取り組む態度」は方向目標を示しています。
○文章を読み，「絵から聞こえる声」を話し合おうとする。

評価規準

≫知識・技能
○話や文章の構成や展開，話や文章の種類とその特徴について理解している。
○日常的に読書に親しみ，読書が，自分の考えを広げることに役立つことに気づいている。
○新しく習う漢字を正しく読んだり書いたりしている。

　　　　　　　　　　　　　　　　　　　　　　　　　対応する学習指導要領の項目：(1) エ，カ　(3) オ

≫思考・判断・表現
○フリードルの人物像や文章の全体像を具体的に想像している。
○文章を読んで理解したことに基づいて，自分の考えをまとめている。
○「フリードルとテレジンの小さな画家たち」を読み，文章に出てくる子どもたちと自分を比べて考えたことを伝え合っている。

　　　　　　　　　　　　　　　　　　　　　　　　　対応する学習指導要領の項目：C (1) エ，オ　(2) イ

≫主体的に学習に取り組む態度
○文章に出てくる中でいちばん気になった絵について，「絵から聞こえる声」を話し合おうとしている。

学習活動

小単元名	時数	学習活動	学習の過程
絵を見て語り合おう／フリードルとテレジンの小さな画家たち①	2	○全文を読んで初発の感想を話し合う。	構造と内容の把握
		○文章を読んで，心に残ったことを話し合う。	考えの形成　共有
絵を見て語り合おう／フリードルとテレジンの小さな画家たち②	1	○この文章の中でいちばん気になった絵を見ながら，どんなことがえがかれているか，友達と話し合う。	考えの形成　共有
読書の部屋	1	○「読書の部屋」に紹介されている本を参考に，読みたい本を探して読む。 ○「私たちのこの一節」カードの書き方を確かめ，記入する。	読書

6年　学図　　　　　　　　　　　　　　教科書【上】：p.94〜97　配当時数：2時間　配当月：9月

詩を味わおう
名づけられた葉／きのうより一回だけ多く

主領域　C読むこと

関連する道徳の内容項目　B親切，思いやり　D生命の尊さ

到達目標

≫知識・技能
○比喩や反復などの表現の工夫に気づくことができる。
○詩を音読したり朗読したりすることができる。
○新しく習う漢字を正しく読んだり書いたりすることができる。

≫思考・判断・表現
○詩の全体像を具体的に想像したり表現の効果を考えたりすることができる。
○詩を読んでまとめた意見や感想を共有し，自分の考えを広げることができる。
○詩を読み，内容を説明したり，自分の生き方などについて考えたことを伝え合ったり活動ができる。

≫主体的に学習に取り組む態度　※「主体的に学習に取り組む態度」は方向目標を示しています。
○詩を音読し，作者が伝えたい思いを考えたり話し合ったりしようとする。

評価規準

≫知識・技能
○比喩や反復などの表現の工夫に気づいている。
○場面の情景を想像しながら声に出して読んでいる。
○新しく習う漢字を正しく読んだり書いたりしている。
　　　　　　　　　　　　　　　　　　　　　　　　対応する学習指導要領の項目：(1)エ，ク，ケ

≫思考・判断・表現
○場面の情景を想像しながら声に出して読み，詩の世界を味わっている。
○詩を読んで感じたこと，考えたことなどを友達と交流し，自分の考えを広げている。
○好きな詩を選んで情景や作者の思いを想像しながら音読し，感想を出し合っている。
　　　　　　　　　　　　　　　　　　　　対応する学習指導要領の項目：C(1)エ，カ　(2)イ

≫主体的に学習に取り組む態度
○詩を音読し，作者が伝えたい思いを考えたり話し合ったりしている。

学習活動

小単元名	時数	学習活動	学習の過程
名づけられた葉／きのうより一回だけ多く	2	○「名づけられた葉」を読み，言葉の響きを味わい，作者が伝えたいことを考える。 ○「きのうより一回だけ多く」を読み，言葉の響きを味わい，作者の思いについて話し合う。	精査・解釈
		○好きなほうの詩を選んで情景や作者の思いを想像しながら音読し，感想を出し合う。	考えの形成　共有

6年　学図　　　　　　　　　　　　　教科書【上】：p.98〜101　配当時数：4時間　配当月：9月

文章の書き方・まとめ方
文章構成の効果を考える

主領域　B書くこと

到達目標

≫知識・技能
○文の中での語句の係り方や語順について理解することができる。

≫思考・判断・表現
○筋道の通った文章となるように，文章全体の構成や展開を考えることができる。

≫主体的に学習に取り組む態度　※「主体的に学習に取り組む態度」は方向目標を示しています。
○論の進め方の型を理解し，自分の意見や考え方を伝えるために効果的な文章構成を考えようとする。

評価規準

≫知識・技能
○考えを伝えるために効果的な「述べ方の順番」があることを理解している。
　　　　　　　　　　　　　　　　　　　　　　　　　　　●対応する学習指導要領の項目：(1) カ

≫思考・判断・表現
○自分が伝えたいことを効果的に伝えるために，「論の進め方」を工夫して文章を書いている。
　　　　　　　　　　　　　　　　　　　　　　　　　　　●対応する学習指導要領の項目：B (1) イ

≫主体的に学習に取り組む態度
○論の進め方の型を理解し，自分の意見や考え方を伝えるために効果的な文章構成を考えようとしている。

学習活動

小単元名	時数	学習活動	学習の過程
文章構成の効果を考える①	2	○自分の考えを読み手に伝えるために，「論の進め方」について考える。 ・述べ方の順番について理解する。 ・既習の3つの型(頭括型，尾括型，双括型)の他にも，100・101ページのような書き方があることを理解する。	構成の検討
文章構成の効果を考える②	2	○100・101ページ「例2」の論の進め方で，教科書のテーマや自分の考えを文章にしてみる。	表現　共有

6年　学図

教科書【上】：p.102～103　配当時数：1時間　配当月：9月

言葉のきまり2
文末の表現

到達目標

知識・技能
○文末表現の違いによる意味の変化や，文末表現と声の調子による変化などについて確かめることができる。
○日常よく使われる敬語を理解し使い慣れることができる。
○新しく習う漢字を正しく読んだり書いたりすることができる。

主体的に学習に取り組む態度　※「主体的に学習に取り組む態度」は方向目標を示しています。
○文末表現で文の意味が変わることを理解し，声の調子にも気をつけて使おうとする。

評価規準

知識・技能
○文末表現の違いによる意味の変化や，文末表現と声の調子による変化などについて確かめている。
○日常よく使われる敬語を理解し使い慣れている。
○新しく習う漢字を正しく読んだり書いたりしている。

対応する学習指導要領の項目：(1) ウ，エ，キ

主体的に学習に取り組む態度
○文末表現で文の意味が変わることを理解し，声の調子にも気をつけて使おうとしている。

学習活動

小単元名	時数	学習活動	学習の過程
文末の表現	1	○文末の表現について理解を深める。 ・日本語では，文の最後の表現で文の意味が変わる。 ・文末の声の高さを上げることで疑問文になる。 ○敬体と常体について理解する。	

| 6年 | 学図 | 教科書【上】：p.104〜121　配当時数：6時間　配当月：9月 |

4 物語の全体像を読もう

きつねの窓

主領域　C読むこと

関連する道徳の内容項目　C家族愛，家庭生活の充実　D生命の尊さ

到達目標

》知識・技能
○文章の構成や展開とその特徴について理解することができる。
○文章を音読したり朗読したりすることができる。
○新しく習う漢字を正しく読んだり書いたりすることができる。

》思考・判断・表現
○登場人物の相互関係や心情などについて，描写をもとに捉えることができる。
○人物像や物語の全体像を具体的に想像したり，表現の効果を考えたりすることができる。
○文章を読んで理解したことに基づいて，自分の考えをまとめることができる。
○物語を読み，内容を説明したり，自分の生き方などについて考えたことを伝え合ったりする活動ができる。

》主体的に学習に取り組む態度　※「主体的に学習に取り組む態度」は方向目標を示しています。
○語り手の語り方に関心をもって読み，人物像や心情の変化を押さえて物語の全体像を捉えようとする。

評価規準

》知識・技能
○「きつねの窓」が，現実世界と不思議な世界の出来事で構成されている特徴を理解している。
○語り手と，その語り方を意識して音読している。
○新しく習う漢字を正しく読んだり書いたりしている。

●対応する学習指導要領の項目：(1) エ，カ，ケ

》思考・判断・表現
○「ぼく」と「子ぎつね」の関係や心情について，描写をもとに捉えている。
○「ぼく」の人物像や物語の全体像を具体的に想像したり，現実世界と不思議な世界を行ったり来たりする表現の効果を考えたりしている。
○「ぼく」と「子ぎつね」の会話を中心に語り手の語り方に着目し，登場人物の心情の変化を捉えている。
○自分はどんなふうに「きつねの窓」を読んだかを友達に伝えている。

●対応する学習指導要領の項目：C (1) イ，エ，オ　(2) イ

》主体的に学習に取り組む態度
○語り手の語り方に関心をもって読み，人物像や心情の変化を押さえて物語の全体像を捉えようとしている。

学習活動

小単元名	時数	学習活動	学習の過程
きつねの窓①	1	○120・121ページ「学習のてびき」を読み，学習のめあてを確かめる。	見通し
		○全文を読み，この物語が現実世界と不思議な世界の出来事で構成されていることを押さえる。	構造と内容の把握
きつねの窓②	4	○「ぼく」と「子ぎつね」の人物像を捉える。 ○不思議な世界での出来事を捉える。 ○「ぼく」の心情の変化を読む。 ・不思議な世界の出来事に注目して読む。	精査・解釈
		○121ページの観点で，感想を話し合う。	考えの形成　共有
きつねの窓③	1	○自分はどんなふうに「きつねの窓」を読んだかを友達に伝える。	考えの形成　共有

6年　学図　　　　　　　　　　　　　　　教科書【上】：p.122〜122　配当時数：1時間　配当月：10月

漢字の広場 2

六年生で学ぶ漢字

到達目標

≫知識・技能
○新しく習う漢字を正しく読んだり書いたりすることができる。

≫主体的に学習に取り組む態度　※「主体的に学習に取り組む態度」は方向目標を示しています。
○122 ページに出てくる新出漢字を声に出して読んだりノートに書き写したりしようとする。

評価規準

≫知識・技能
○新しく習う漢字を正しく読んだり書いたりしている。
　　　　　　　　　　　　　　　　　　　　　　　　　　　　　　　　　対応する学習指導要領の項目：(1) エ

≫主体的に学習に取り組む態度
○122 ページに出てくる新出漢字を，声に出して読んだりノートに書き写したりしている。

学習活動

小単元名	時数	学習活動	学習の過程
六年生で学ぶ漢字	1	○122 ページに出てくる新出漢字を読み書きする。	

6年　学図

教科書【上】：p.123〜123　配当時数：1時間　配当月：10月

言葉をつないで文を作ろう3

5年生で習った漢字③

主領域　B書くこと

到達目標

>> **知識・技能**
○第5学年までに配当されている漢字を，文や文章の中で使うことができる。

>> **思考・判断・表現**
○絵や目的に合った漢字を使って文を書いたり，間違いを正したりすることができる。

>> **主体的に学習に取り組む態度**　※「主体的に学習に取り組む態度」は方向目標を示しています。
○123ページの言葉を使って，絵に合った文を書こうとする。

評価規準

>> **知識・技能**
○5年生で学習した漢字を使って文や文章を作っている。
　　　　　　　　　　　　　　　　　　　　　　　　　　　　　対応する学習指導要領の項目：(1)エ

>> **思考・判断・表現**
○絵や目的に合った漢字を使って文を書いたり，間違いを正したりしている。
　　　　　　　　　　　　　　　　　　　　　　　　　　　　　対応する学習指導要領の項目：B(1)オ

>> **主体的に学習に取り組む態度**
○123ページの言葉を使って，各教科の学習や学校生活について記録する文を書いている。

学習活動

小単元名	時数	学習活動	学習の過程
5年生で習った漢字③	1	○123ページにある言葉を使って，各教科の学習や学校生活について記録する文を作る。 ・間違いがないか確かめる。	推敲

| 6年 | 学図 | 教科書【上】：p.124〜126　配当時数：2時間　配当月：10月 |

言葉の泉2
言葉づかいのちがい

到達目標

≫知識・技能
○話し言葉と書き言葉の違いに気づくことができる。
○日常よく使われる敬語を理解し使い慣れることができる。
○新しく習う漢字を正しく読んだり書いたりすることができる。

≫主体的に学習に取り組む態度　※「主体的に学習に取り組む態度」は方向目標を示しています。
○相手や場面に応じて，言葉づかいを考えようとする。

評価規準

≫知識・技能
○「相手や場面に応じた言葉づかい」，「話し言葉と書き言葉」，「敬語による言葉づかいの変化」に気をつけて，言葉の使い方を考えている。
○日常よく使われる敬語を理解し使い慣れている。
○新しく習う漢字を正しく読んだり書いたりしている。

●対応する学習指導要領の項目：(1) イ，エ，キ

≫主体的に学習に取り組む態度
○相手や場面に応じて，言葉づかいを考えようとしている。

学習活動

小単元名	時数	学習活動	学習の過程
言葉づかいのちがい	2	○「相手や場面に応じた言葉づかい」を確かめる。 ○「話し言葉と書き言葉」の使い方の違いを確かめる。 ○「敬語による言葉づかいの変化」を確かめる。	

6年　学図　　　　　　　　　　　　　　教科書【下】：p.1〜1　配当時数：1時間　配当月：10月

土

主領域　C読むこと

関連する道徳の内容項目　D感動，畏敬の念

到達目標

≫知識・技能
○比喩や反復などの表現の工夫に気づくことができる。
○詩を音読したり朗読したりすることができる。

≫思考・判断・表現
○詩に描かれた情景や人物の心情を具体的に想像したり，表現の効果を考えたりすることができる。

≫主体的に学習に取り組む態度　※「主体的に学習に取り組む態度」は方向目標を示しています。
○詩の情景を思いうかべながら音読しようとする。

評価規準

≫知識・技能
○「土」の比喩表現の工夫に気づいている。
○詩の情景を思いうかべながら音読したり朗読したりしている。
　　　　　　　　　　　　　　　　　　　　　　　　　　　　　　　対応する学習指導要領の項目：(1) ク，ケ

≫思考・判断・表現
○詩に描かれた情景や人物の心情を具体的に想像したり，比喩表現の効果を考えたりしている。
　　　　　　　　　　　　　　　　　　　　　　　　　　　　　　　対応する学習指導要領の項目：C (1) エ

≫主体的に学習に取り組む態度
○詩の情景を思いうかべながら音読している。

学習活動

小単元名	時数	学習活動	学習の過程
土	1	○詩に描かれた場面の情景や比喩表現の効果について考える。	精査・解釈
		○情景が表れるように音読する。	考えの形成　共有

| 6年 | 学図 | 教科書【下】:p.6〜8　配当時数:2時間　配当月:10月 |

言葉から想像しよう

イメージを短い詩にしよう

主領域　B書くこと

到達目標

≫知識・技能
○語感や言葉の使い方に対する感覚を意識して語や語句を使うことができる。
○比喩や反復などの表現の工夫に気づくことができる。

≫思考・判断・表現
○全体の構成や展開が明確になっているかなど、詩に対する感想や意見を伝え合い、自分の詩のよいところを見つけることができる。

≫主体的に学習に取り組む態度　※「主体的に学習に取り組む態度」は方向目標を示しています。
○身近にあるものや好きなものから想像したことをもとにして、短い詩を作ろうとする。

評価規準

≫知識・技能
○ある言葉からイメージする言葉をたくさん書き出し、言葉を選んでいる。
○7ページの詩の表現の工夫に気づいている。
　　　　　　　　　　　　　　　　　　　　　　　　　　　　　　●対応する学習指導要領の項目:(1)オ,ク

≫思考・判断・表現
○作った詩を友達と交流して感想や意見を伝え合い、自分の詩のよいところを見つけている。
　　　　　　　　　　　　　　　　　　　　　　　　　　　　　　●対応する学習指導要領の項目:B(1)カ

≫主体的に学習に取り組む態度
○身近にあるものや好きなものから想像したことをもとにして、短い詩を作ろうとしている。

学習活動

小単元名	時数	学習活動	学習の過程
イメージを短い詩にしよう	2	○「ケムシ」という題名の理由を考え、伝え合う。 ○7ページの言葉から想像したことを話し合う。 ○身近なものや自分の好きなものを題名にした短い詩を書く。 ・8ページを参考に、イメージマップを使って言葉を書き出す。	考えの形成　共有

6年　学図　　　　　　　　　　　　　　教科書【下】：p.9〜23　配当時数：9時間　配当月：10月

1 筆者の提案を読み，意見文を書こう

「本物の森」で未来を守る

主領域　B書くこと　　領域　C読むこと

関連する道徳の内容項目　A真理の探究　C伝統と文化の尊重，国や郷土を愛する態度　D自然愛護

到達目標

≫知識・技能
○思考に関わる語句の量を増し，話や文章の中で使うことができる。
○文章の構成や展開を理解することができる。
○情報との関係付けの仕方，図などによる語句と語句との関係の表し方を理解することができる。
○新しく習う漢字を正しく読んだり書いたりすることができる。

≫思考・判断・表現
○目的や意図に応じて，考えたことから書くことを選び，伝えたいことを明確にすることができる。
○筋道の通った文章となるように，文章全体の構成や展開を考えることができる。
○目的や意図に応じて簡単に書いたり詳しく書いたりするとともに，事実と感想，意見とを区別して書いたりするなど，自分の考えが伝わるように書き表し方を工夫することができる。
○文章全体の構成や展開が明確になっているかなど，文章に対する感想や意見を伝え合い，自分の文章のよいところを見つけることができる。
○意見を述べるなど考えたことを書く活動ができる。
○事実と感想，意見などとの関係を叙述をもとに押さえ，文章全体の構成を捉えて要旨を把握することができる。
○文章と図表を結び付けるなどして必要な情報を見つけたり，論の進め方について考えたりすることができる。
○文章を読んで理解したことに基づいて，自分の考えをまとめることができる。
○説明や解説などの文章を読み，わかったことや考えたことを，話し合ったり文章にまとめたりする活動ができる。

≫主体的に学習に取り組む態度　※「主体的に学習に取り組む態度」は方向目標を示しています。
○筆者の提案を捉えて提案に対する自分の考えをもち，自分の考えが明確に伝わるような意見文を書こうとする。

評価規準

≫知識・技能
○筆者の提案について考えたことを言葉で表している。
○「『本物の森』で未来を守る」の全体構造や，筆者の論の展開の仕方を理解している。
○文章と図解したイラストとの関係を理解している。
○新しく習う漢字を正しく読んだり書いたりしている。

●対応する学習指導要領の項目：(1) エ，オ，カ　(2) イ

≫思考・判断・表現

○筆者の提案について，賛同する点，疑問に思う点を明確に挙げている。
○筋道の通った文章となるように，自分の意見や根拠を構成表に整理している。
○事実と感想，意見とを区別して書くなど，自分の考えが伝わるように書き表し方を工夫している。
○書いた意見文を読み合って感想や意見を伝え合い，自分の文章のよいところを見つけている。
○筆者の提案についての自分の考えを，意見文にして書いている。

　　　　　　　　　　　　　　　　　　●対応する学習指導要領の項目：B (1) ア，イ，ウ，カ　(2) ア

○筆者の提案について，叙述をもとに事実と意見とを区別して押さえ，文章全体の構成を捉えて要旨を把握している。
○写真やイラストと文章を結び付けて書いてあることを正しく理解し，筆者の論の進め方について考えている。
○「『本物の森』で未来を守る」を読んで理解したことに基づいて，自分の考えをまとめている。
○筆者が提案している「森の防潮堤」とはどのようなものか，また，何のために必要なのかを話し合っている。

　　　　　　　　　　　　　　　　　　●対応する学習指導要領の項目：C (1) ア，ウ，オ　(2) ア

≫主体的に学習に取り組む態度

○筆者の提案を捉えて提案に対する自分の考えをもち，自分の考えが明確に伝わるような意見文を書いている。

学習活動

小単元名	時数	学習活動	学習の過程
「本物の森」で未来を守る①	1	○9ページ下段を読み，学習のめあてと学習の流れを確かめる。	見通し
		○題名からどのようなことが書かれているかを予想し，考えを話し合う。	考えの形成　共有
「本物の森」で未来を守る②	2	○事実を押さえながら読み，筆者の提案について考える。	構造と内容の把握
		○筆者が提案している「森の防潮堤」とはどのようなものか，また，何のために必要なのかを話し合う。	考えの形成
「本物の森」で未来を守る③	5	○自分の考えを意見文にまとめる。	内容の検討　考えの形成
		・筆者の提案について，賛同する点，疑問に思う点を挙げる。	情報の収集
		・18・19ページの資料①〜⑤を読み，自分の考えを整理する。	情報の収集　内容の検討
		・20・21ページを参考にして，意見文の構成表を作る。	構成の検討
		○筆者の提案に対して，自分の立場や理由を明らかにして，意見文を書く。	記述　推敲
「本物の森」で未来を守る④	1	○意見文を読み合い，考えを話し合う。	共有

6年　学図　　　　　　　　　　　　　　　　　　教科書【下】：p.24〜25　配当時数：1時間　配当月：10月

季節のたより
秋

到達目標

≫知識・技能
○語感や言葉の使い方に対する感覚を意識して，語や語句を使うことができる。
○近代以降の文語調の文章を音読するなどして，言葉の響きやリズムに親しむことができる。

≫主体的に学習に取り組む態度　※「主体的に学習に取り組む態度」は方向目標を示しています。
○季節に対するものの見方や感じ方に注意して，秋を感じる言葉について考えようとする。

評価規準

≫知識・技能
○教科書の写真や文章から秋を感じる語句を探し，文章の中で使うとともに語彙を豊かにしている。
○高野辰之の詩を音読し，言葉の響きやリズムに親しんでいる。
○秋を表す二十四節気について知り，昔の季節感に触れている。

　　　　　　　　　　　　　　　　　　　　　　　　　　　　　●対応する学習指導要領の項目：(1) オ　(3) ア

≫主体的に学習に取り組む態度
○季節に対するものの見方や感じ方に注意して，秋から冬への移り変わりを短歌に表そうとしている。

学習活動

小単元名	時数	学習活動	学習の過程
秋	1	○二十四節気や秋に関わる言葉を調べる。 ○教科書の言葉のほかにも秋に関わる言葉を出し合い，短歌を作り，紹介し合う。	

| 6年 | 学図 | 教科書【下】：p.26〜35　配当時数：4時間　配当月：11月 |

言葉の文化を体験しよう
狂言 盆山／漢詩

主領域　C読むこと

関連する道徳の内容項目　C伝統と文化の尊重，国や郷土を愛する態度／国際理解，国際親善

到達目標

≫知識・技能
○文章の種類とその特徴について理解することができる。
○狂言や漢詩を音読したり朗読したりすることができる。
○親しみやすい漢文や狂言の文章を音読するなどして，言葉の響きやリズムに親しむことができる。
○古典について解説した文章を読んだり作品の内容の大体を知ったりすることを通して，昔の人のものの見方や感じ方を知ることができる。
○時間の経過による言葉の変化を理解することができる。
○新しく習う漢字を正しく読んだり書いたりすることができる。

≫思考・判断・表現
○狂言の全体像を具体的に想像したり，漢詩の表現の効果を考えたりすることができる。

≫主体的に学習に取り組む態度　※「主体的に学習に取り組む態度」は方向目標を示しています。
○狂言を読み味わったり，漢詩について内容の大体を知って音読したりしようとする。

評価規準

≫知識・技能
○狂言の脚本や漢詩の特徴について理解している。
○狂言や漢詩を音読したり朗読したりしている。
○役に分かれて狂言を演じてみたり漢詩を音読するなどして，言葉のリズムや響きに親しんでいる。
○狂言や漢詩についての解説文を読んだり作品の内容の大体を知ったりすることを通して，昔の人のものの見方や感じ方を捉えている。
○古典の言葉遣いと現代語の言葉遣いの違いを理解している。
○新しく習う漢字を正しく読んだり書いたりしている。
　　　　　　　　　　　　　　　　　　　　　　　　　●対応する学習指導要領の項目：(1) エ, カ, ケ　(3) ア, イ, ウ

≫思考・判断・表現
○狂言の全体像を具体的に想像したり，漢詩の表現の効果を考えたりしている。
　　　　　　　　　　　　　　　　　　　　　　　　　●対応する学習指導要領の項目：C (1) エ

≫主体的に学習に取り組む態度
○狂言を読み味わったり，漢詩について内容の大体を知って音読したりしようとしている。

学習活動

小単元名	時数	学習活動	学習の過程
狂言 盆山	3	○「盆山」の脚本を読んで，内容の大体を理解し音読する。 ・能や狂言について知っていることを話し合う。 ・狂言「盆山」を読む。	構造と内容の把握
		・二人組になって，音読したり演じてみたりする。 ○この後，何某は何と言って男を困らせるか，33ページの後のやり取りをせりふにする。	考えの形成　共有
漢詩	1	○漢詩を読み，内容と表現を味わう。	構造と内容の把握
		・白文と書き下し文を比べながら，詩に描かれている情景を思いうかべる。	考えの形成　共有

| 6年 | 学図 | 教科書【下】:p.36〜36　配当時数:1時間　配当月:11月 |

漢字の広場1

六年生で学ぶ漢字

到達目標

≫知識・技能
○新しく習う漢字を正しく読んだり書いたりすることができる。

≫主体的に学習に取り組む態度　※「主体的に学習に取り組む態度」は方向目標を示しています。
○36ページに出てくる新出漢字を声に出して読んだりノートに書き写したりしようとする。

評価規準

≫知識・技能
○新しく習う漢字を正しく読んだり書いたりしている。　　　　　　　　　　　　　　　　　　　●対応する学習指導要領の項目:(1)エ

≫主体的に学習に取り組む態度
○36ページに出てくる新出漢字を,声に出して読んだりノートに書き写したりしている。

学習活動

小単元名	時数	学習活動	学習の過程
六年生で学ぶ漢字	1	○36ページに出てくる新出漢字を読み書きする。	

| 6年 | 学図 | | 教科書【下】：p.37〜37　配当時数：1時間　配当月：11月 |

言葉をつないで文を作ろう1

5年生で習った漢字①

主領域 B書くこと

到達目標

≫知識・技能
○第5学年までに配当されている漢字を，文や文章の中で使うことができる。

≫思考・判断・表現
○絵や目的に合った漢字を使って文を書いたり，間違いを正したりすることができる。

≫主体的に学習に取り組む態度　※「主体的に学習に取り組む態度」は方向目標を示しています。
○37ページの言葉を使って，絵に合った文を書こうとする。

評価規準

≫知識・技能
○5年生で学習した漢字を使って文や文章を作っている。

　　　　　　　　　　　　　　　　　　　　　　　　　　　　● 対応する学習指導要領の項目：(1) エ

≫思考・判断・表現
○絵や目的に合った漢字を使って文を書いたり，間違いを正したりしている。

　　　　　　　　　　　　　　　　　　　　　　　　　　　　● 対応する学習指導要領の項目：B (1) オ

≫主体的に学習に取り組む態度
○37ページの言葉を使って，ニュースの記事を書いている。

学習活動

小単元名	時数	学習活動	学習の過程
5年生で習った漢字①	1	○37ページにある言葉を使って，ニュースの記事を作る。 ・報道番組の記者になったつもりで書く。 ・間違いがないか確かめる。	推敲

| 6年 | 学図 | 教科書【下】:p.38〜45　配当時数:6時間　配当月:11月 |

豊かに表現しよう
「連詩」を発見する／心と言葉でつながろう

主領域 B書くこと

関連する道徳の内容項目 B友情,信頼　C規則の尊重／伝統と文化の尊重,国や郷土を愛する態度

到達目標

》知識・技能
○言葉には,相手とのつながりをつくる働きがあることに気づくことができる。
○語感や言葉の使い方に対する感覚を意識して語や語句を使うことができる。
○比喩や反復などの表現の工夫に気づくことができる。
○新しく習う漢字を正しく読んだり書いたりすることができる。

》思考・判断・表現
○連詩のお題に応じて材料を集め,関係付けて伝えたいことを明確にすることができる。
○連詩全体の構成や書き表し方などに着目して,文や文章を整えることができる。
○連詩を読み合い,感想や意見を伝え合い,自分の詩のよいところを見つけることができる。

》主体的に学習に取り組む態度　※「主体的に学習に取り組む態度」は方向目標を示しています。
○連詩について理解し,自分たちでも作ろうとする。

評価規準

》知識・技能
○言葉には,相手とのつながりをつくる働きがあることに気づいている。
○ある言葉からイメージを広げて言葉を選んで使っている。
○比喩や反復など,表現の工夫をしている。
○新しく習う漢字を正しく読んだり書いたりしている。
　　　　　　　　　　　　　　　　　　　　　　　　　●対応する学習指導要領の項目:(1) ア,エ,オ,ク

》思考・判断・表現
○題名や前の人が作った詩からイメージを広げ,詩をつなげている。
○グループやクラスで,「1つのお題に対して一人一詩」などの約束事を決めて連詩を完成させている。
○連詩を読み合って感想や意見を交流し,自分たちのグループの詩のよいところを見つけている。
　　　　　　　　　　　　　　　　　　　　　　　　　●対応する学習指導要領の項目:B (1) ア,オ,カ

》主体的に学習に取り組む態度
○連詩について理解し,自分たちでも作ろうとしている。

学習活動

小単元名	時数	学習活動	学習の過程
「連詩」を発見する	2	○全文を読んで,連詩とは何かを,筆者の考えとともに捉える。	構造と内容の把握
		・連詩がどういうものかを捉える。 ・連詩に対する筆者の考えを捉える。	精査・解釈
心と言葉でつながろう	4	○連詩の制作に挑戦する。 ・全文を読んで,作り方や約束事を確かめる。	題材の設定 情報の収集
		・グループやクラスで,「1つのお題に対して一人一詩」などの約束事を決めて連詩を完成させる。	記述　共有

6年　学図　　　　　　　　　　　　　教科書【下】：p.46〜54　配当時数：3時間　配当月：11月

物語を通して自分を見つめよう
服を着たゾウ

主領域　　　　　C読むこと
関連する道徳の内容項目　　A正直，誠実／真理の探究

到達目標

≫知識・技能
○文章を音読したり朗読したりすることができる。
○新しく習う漢字を正しく読んだり書いたりすることができる。

≫思考・判断・表現
○登場人物の相互関係や心情などについて，描写をもとに捉えることができる。
○人物像や物語の全体像を具体的に想像したり，表現の効果を考えたりすることができる。
○文書を読んで理解したことに基づいて，自分の考えをまとめることができる。

≫主体的に学習に取り組む態度　※「主体的に学習に取り組む態度」は方向目標を示しています。
○文章と対話しながら読む読み方に関心をもち，脚注をヒントに対話しながら読もうとする。

評価規準

≫知識・技能
○描写と心情の関係を表す表現の工夫に着目しながら音読している。
○新しく習う漢字を正しく読んだり書いたりしている。
　　　　　　　　　　　　　　　　　　　　　　　●対応する学習指導要領の項目：(1) エ，ケ

≫思考・判断・表現
○「ゾウ」やほかの登場人物の相互関係，心情などについて，描写をもとに捉えている。
○ゾウの行動や人物像を具体的に想像したり，描写と心情の関係に注目しながら，その移り変わりを読んでいる。
○物語と対話して読み進めながら，自分の考えをまとめている。
　　　　　　　　　　　　　　　　　　　　　　　●対応する学習指導要領の項目：C (1) イ，エ，オ

≫主体的に学習に取り組む態度
○文章と対話しながら読む読み方に関心をもち，脚注の「つぶやき」をヒントに物語と対話しながら読んでいる。

学習活動

小単元名	時数	学習活動	学習の過程
服を着たゾウ	3	○「服を着たゾウ」の全文を読んで，あらすじをつかむ。	構造と内容の把握
		○脚注の「つぶやき①〜⑫」と上段の文章とを対照させて，書かれている疑問について考える。	精査・解釈
		○54ページを読み，「対話して読むこと」について確かめる。	考えの形成

| 6年 | 学図 | 教科書【下】：p.55〜55　配当時数：1時間　配当月：12月 |

言葉をつないで文を作ろう2

5年生で習った漢字②

主領域　B書くこと

到達目標

>> 知識・技能
○第5学年までに配当されている漢字を，文や文章の中で使うことができる。

>> 思考・判断・表現
○絵や目的に合った漢字を使って文を書いたり，間違いを正したりすることができる。

>> 主体的に学習に取り組む態度　※「主体的に学習に取り組む態度」は方向目標を示しています。
○55ページの言葉を使って，絵に合った文を書こうとする。

評価規準

>> 知識・技能
○5年生で学習した漢字を使って文や文章を作っている。
　　　　　　　　　　　　　　　　　　　　　　　　　● 対応する学習指導要領の項目：(1) エ

>> 思考・判断・表現
○絵や目的に合った漢字を使って文を書いたり，間違いを正したりしている。
　　　　　　　　　　　　　　　　　　　　　　　　　● 対応する学習指導要領の項目：B (1) オ

>> 主体的に学習に取り組む態度
○55ページの言葉を使って，年末のある日の日記を書いている。

学習活動

小単元名	時数	学習活動	学習の過程
5年生で習った漢字②	1	○55ページにある言葉を使って，年末のある日の日記を作る。 ・間違いがないか確かめる。	推敲

6年 学図　　　教科書【下】：p.56〜57　配当時数：1時間　配当月：12月

言葉の泉1

熟語の構成

到達目標

≫知識・技能
○語句と語句との関係，語句の構成や変化について理解することができる。
○情報と情報との関係付けの仕方を理解し使うことができる。
○新しく習う漢字を正しく読んだり書いたりすることができる。

≫主体的に学習に取り組む態度　※「主体的に学習に取り組む態度」は方向目標を示しています。
○熟語の構成について理解し，身の回りの熟語の構成を調べようとする。

評価規準

≫知識・技能
○三字熟語，四字以上の熟語の構成について理解している。
○情報と情報との関係付けの仕方を理解し使っている。
○新しく習う漢字を正しく読んだり書いたりしている。

● 対応する学習指導要領の項目：(1) エ，オ　(2) イ

≫主体的に学習に取り組む態度
○熟語の構成について理解し，身の回りの熟語の構成を調べている。

学習活動

小単元名	時数	学習活動	学習の過程
熟語の構成	1	○三字熟語の構成を理解する。 ○四字熟語の構成を理解する。 ○四字以上の熟語の構成を理解する。	

6年　学図　　　　　　　　　　　　　教科書【下】：p.58～62　配当時数：8時間　配当月：12月

2 スピーチをしよう

すいせんします，この委員会活動

主領域　A話すこと・聞くこと

関連する道徳の内容項目　C公正，公平，社会正義／よりよい学校生活，集団生活の充実

到達目標

≫ 知識・技能
○話し言葉と書き言葉との違いに気づくことができる。
○話の構成や展開について理解することができる。

≫ 思考・判断・表現
○目的や意図に応じて，日常生活の中から話題を決め，集めた材料を分類したり関係付けたりして，伝え合う内容を検討することができる。
○話の内容が明確になるように，事実と感想，意見とを区別するなど，話の構成を考えることができる。
○自分の考えを話したり，それらを聞いたりする活動ができる。

≫ 主体的に学習に取り組む態度　※「主体的に学習に取り組む態度」は方向目標を示しています。
○推薦スピーチに関心をもち，効果的な構成を考えながらスピーチしようとする。

評価規準

≫ 知識・技能
○話し言葉と書き言葉との違いに気づいている。
○説得力のあるスピーチにするための構成や展開について理解している。
　　　　　　　　　　　　　　　　　　　　　　　　　　　　　　●対応する学習指導要領の項目：(1) イ，カ

≫ 思考・判断・表現
○自分の所属している委員会について，活動と魅力を書き出し，紹介する準備をしている。
○委員会活動の内容と自分の意見を区別し，聞いた人がその委員会で活動したくなるように話の構成を考えている。
○推薦スピーチをしたり，友達のスピーチを聞いたりする活動をしている。
　　　　　　　　　　　　　　　　　　　　　　　　　　●対応する学習指導要領の項目：A (1) ア，イ　(2) ア

≫ 主体的に学習に取り組む態度
○推薦スピーチに関心をもち，効果的な構成を考えながらスピーチしようとしている。

学習活動

小単元名	時数	学習活動	学習の過程
すいせんします，この委員会活動①	1	○58ページ下段を読み，学習のめあてと学習の流れを確かめる。	見通し

すいせんします，この委員会活動②	4	○自分の所属している委員会について，活動と魅力を紹介する準備をする。	情報の収集 構成の検討
		・活動内容を書き出し，魅力を整理する。	情報の収集
		・60ページ〈構成メモ〉を参考に，スピーチの構成を考える。	構成の検討
		・発表練習を聞き合い，アドバイスをし合う。	内容の検討　共有
すいせんします，この委員会活動③	3	○自分の所属している委員会について，活動と魅力を紹介する。 ・クラスで紹介し合った後，学校で紹介する。	表現　共有

| 6年 | 学図 | 教科書【下】：p.63〜63　配当時数：1時間　配当月：12月 |

漢字の広場2

六年生で学ぶ漢字

到達目標

≫知識・技能
○新しく習う漢字を正しく読んだり書いたりすることができる。

≫主体的に学習に取り組む態度　※「主体的に学習に取り組む態度」は方向目標を示しています。
○63ページに出てくる新出漢字を声に出して読んだりノートに書き写したりしようとする。

評価規準

≫知識・技能
○新しく習う漢字を正しく読んだり書いたりしている。
　　　　　　　　　　　　　　　　　　　　　　　　　　　　　　　　　　　●対応する学習指導要領の項目：(1) エ

≫主体的に学習に取り組む態度
○63ページに出てくる新出漢字を，声に出して読んだりノートに書き写したりしている。

学習活動

小単元名	時数	学習活動	学習の過程
六年生で学ぶ漢字	1	○63ページに出てくる新出漢字を読み書きする。	

| 6年 | 学図 | 教科書【下】：p.64〜67　配当時数：1時間　配当月：12月 |

読書を広げよう

本は心の道しるべ―私と本の旅／読書の部屋

関連する道徳の内容項目　A希望と勇気，努力と強い意志

到達目標

≫知識・技能
○日常的に読書に親しみ，読書が，自分の考えを広げることに役立つことに気づくことができる。
○新しく習う漢字を正しく読んだり書いたりすることができる。

≫主体的に学習に取り組む態度　※「主体的に学習に取り組む態度」は方向目標を示しています。
○1冊の本をきっかけにして，次の本へと読み広げていこうとする。

評価規準

≫知識・技能
○本や読書についての考えを深め，読書している。
○新しく習う漢字を正しく読んだり書いたりしている。

　対応する学習指導要領の項目：(1) エ　(3) オ

≫主体的に学習に取り組む態度
○1冊の本をきっかけにして，次の本へと読み広げていこうとしている。

学習活動

小単元名	時数	学習活動	学習の過程
本は心の道しるべ―私と本の旅／読書の部屋	1	○「本は心の道しるべ」を読み，読書について考えたことを話し合う。 ○「読書の部屋」の中の読みたい本を選んで読む。 ○読んだ本をきっかけにして，別の本に読み広げていく。	

| 6年 | 学図 | 教科書【下】：p.68～69　配当時数：1時間　配当月：1月 |

季節のたより

冬

到達目標

≫知識・技能
○語感や言葉の使い方に対する感覚を意識して，語や語句を使うことができる。
○近代以降の文語調の文章を音読するなどして，言葉の響きやリズムに親しむことができる。

≫主体的に学習に取り組む態度　※「主体的に学習に取り組む態度」は方向目標を示しています。
○季節に対するものの見方や感じ方に注意して，冬を感じる言葉について考えようとする。

評価規準

≫知識・技能
○教科書の写真や文章から冬を感じる語句を探し，文章の中で使うとともに語彙を豊かにしている。
○「冬景色」を音読し，言葉の響きやリズムに親しんでいる。
○冬を表す二十四節気について知り，昔の季節感に触れている。

対応する学習指導要領の項目：(1) オ　(3) ア

≫主体的に学習に取り組む態度
○季節に対するものの見方や感じ方に注意して，冬から春への移り変わりを短歌に表そうとしている。

学習活動

小単元名	時数	学習活動	学習の過程
冬	1	○二十四節気や冬に関わる言葉を調べる。 ○教科書の言葉のほかにも冬に関わる言葉を出し合い，短歌を作り，紹介し合う。	

| 6年 | 学図 | 教科書【下】：p.70〜73　配当時数：8時間　配当月：1月 |

3 今の気持ちを書き残そう
自分を見つめてみよう

主領域　B書くこと

関連する道徳の内容項目　A個性の伸長

到達目標

≫知識・技能
○思いつくままに文章を書くことの特徴を理解することができる。

≫思考・判断・表現
○日常生活の中から話題を決め，伝えるために内容を検討することができる。
○自分の考えが伝わるように表現を工夫することができる。
○それぞれの立場から考えを伝えるなどして話し合う活動ができる。

≫主体的に学習に取り組む態度　※「主体的に学習に取り組む態度」は方向目標を示しています。
○今の自分の思いを書くことに関心をもち，工夫して文章を書こうとする。

評価規準

≫知識・技能
○自由な形式で思いつくままに文章を書くことの特徴を理解している。
　　　　　　　　　　　　　　　　　　　　　　　　　　　　　　　● 対応する学習指導要領の項目：(1) カ

≫思考・判断・表現
○今の自分のことを思いつくまま書いている。
○見方や考え方を働かせ考えながら，表現を工夫して文章を書いている。
○書いた文章を友達と読み合い，感想を伝え合っている。
　　　　　　　　　　　　　　　　　　　　　　　　　　　　　● 対応する学習指導要領の項目：B (1) ア，ウ　(2) ウ

≫主体的に学習に取り組む態度
○今の自分の思いを書くことに関心をもち，工夫して文章を書こうとしている。

学習活動

小単元名	時数	学習活動	学習の過程
自分を見つめてみよう①	1	○70ページ下段を読み，学習のめあてと学習の流れを確かめる。	見通し
		○村田沙耶香さんの文章を読み，村田さんの見方や考え方について話し合う。	情報の収集

自分を見つめてみよう②	5	○今の自分の思いを文章に書く。 ・普段の生活の中で考えていることや感じていることを思いつくままに書く。	題材の選定　表現
自分を見つめてみよう③	2	○書いた文章を読み合い，感想を伝え合う。	共有

6年　学図　　　　　　　　　　　　　　教科書【下】：p.74〜83　配当時数：5時間　配当月：1月

4 考えを共有するために読もう

国境なき大陸 南極

主領域　C読むこと

関連する道徳の内容項目　B親切，思いやり　C国際理解，国際親善　D自然愛護

到達目標

≫知識・技能
○文章の構成や展開について理解することができる。
○文章を音読することができる。
○原因と結果など情報と情報との関係について理解することができる。
○新しく習う漢字を正しく読んだり書いたりすることができる。

≫思考・判断・表現
○事実と感想，意見などとの関係を叙述をもとに押さえ，文章全体の構成を捉えて要旨を把握することができる。
○文章と図表を結び付けるなどして必要な情報を見つけたり，論の進め方について考えたりすることができる。
○文章を読んで理解したことに基づいて，自分の考えをまとめることができる。
○文章を読んでまとめた意見や感想を共有し，自分の考えを広げることができる。
○複数の本や新聞などを活用して，調べたり考えたりしたことを報告する活動ができる。

≫主体的に学習に取り組む態度　※「主体的に学習に取り組む態度」は方向目標を示しています。
○文章を読んで，筆者の主張について自分の考えをもち，友達と話し合おうとする。

評価規準

≫知識・技能
○筆者の体験を通した論の進め方を理解している。
○文章を音読している。
○筆者の主張と事例との関係について理解し，叙述に沿って文章を捉えている。
○新しく習う漢字を正しく読んだり書いたりしている。

●対応する学習指導要領の項目：(1) エ，カ，ケ　(2) ア

≫思考・判断・表現
○南極での出来事と筆者の思いとの関係を叙述をもとに押さえ，文章の要旨を把握している。
○文章と写真や図を結び付けて内容を読み取り，筆者の論の進め方について考えている。
○「国境なき大陸　南極」を読んで要旨を捉え，それに対する自分の考えをまとめている。
○「国境なき大陸　南極」を読んでまとめた意見や感想を友達と交流し，自分の考えを広げている。
○自分の知識や経験と関連付けながら，筆者の思いを読み，これからの自分たちについて考えている。

●対応する学習指導要領の項目：C (1) ア，ウ，オ，カ　(2) ウ

≫主体的に学習に取り組む態度
○南極大陸に関心をもち，筆者の主張について自分の考えをもち，友達と話し合っている。

学習活動

小単元名	時数	学習活動	学習の過程
国境なき大陸 南極①	1	○82・83ページ「学習のてびき」を読み，学習のめあてを確かめる。	見通し
		○全文を読み，初発の感想を書く。	構造と内容の把握
国境なき大陸 南極②	2	○南極での出来事と筆者の考えに着目して，要旨を捉える。 ・体験を通した論の進め方を確かめながら読む。	精査・解釈
国境なき大陸 南極③	2	○「国境なき大陸　南極」を読み，筆者の主張に対する自分の考えを文章にまとめる。 ・自分の考えを友達と話し合う。	考えの形成　共有

6年　学図　　　　　教科書【下】：p.84〜85　配当時数：1時間　配当月：2月

言葉のきまり1
意味をそえる言葉

到達目標

≫知識・技能
○語感や言葉の使い方に対する感覚を意識して，語や語句を使うことができる。
○文の中での語句の係り方や，文と文との接続の関係を理解することができる。
○新しく習う漢字を正しく読んだり書いたりすることができる。

≫主体的に学習に取り組む態度　※「主体的に学習に取り組む態度」は方向目標を示しています。
○助詞の役割を理解し，「意味をそえる言葉」としての使い方を考えようとする。

評価規準

≫知識・技能
○「意味をそえる言葉」としての助詞の使い分けを理解している。
○助詞によって文と文との接続が変化することを理解している。
○新しく習う漢字を正しく読んだり書いたりしている。

●対応する学習指導要領の項目：(1) エ，オ，カ

≫主体的に学習に取り組む態度
○助詞の役割を理解し，「意味をそえる言葉」としての使い方を考えようとしている。

学習活動

小単元名	時数	学習活動	学習の過程
意味をそえる言葉	1	○「が」「まで」「しか」の意味の違いを確かめる。 ○「が」と「は」の意味の違いを確かめる。	

| 6年 | 学図 | 教科書【下】：p.86〜93　配当時数：12時間　配当月：2月 |

5 提案する文章を書いて伝えよう
日本の魅力，再発見

主領域　B書くこと　　領域　A話すこと・聞くこと

到達目標

≫知識・技能
○文章の特徴を理解することができる。
○情報と情報との関係付けの仕方，図などによる語句と語句との関係の表し方を理解し使うことができる。
○新しく習う漢字を正しく読んだり書いたりすることができる。

≫思考・判断・表現
○資料を活用するなどして，自分の考えが伝わるように表現を工夫することができる。
○話し手の目的や自分が聞こうとする意図に応じて，話の内容を捉え，話し手の考えと比較しながら自分の考えをまとめることができる。
○意見や提案など自分の考えを話したり，それらを聞いたりする活動ができる。
○目的や意図に応じて，感じたことや考えたことから書くことを選び，集めた材料を分類したり関係付けたりして，伝えたいことを明確にすることができる。
○筋道の通った文章となるように，文章全体の構成や展開を考えることができる。
○引用したり，図表やグラフを用いたりして，自分の考えが伝わるように書き表し方を工夫することができる。
○事象を説明したり意見を述べたりするなど，考えたことや伝えたいことを書く活動ができる。

≫主体的に学習に取り組む態度　※「主体的に学習に取り組む態度」は方向目標を示しています。
○日本の魅力を見つけて提案しようとする。

評価規準

≫知識・技能
○提案原稿の中に資料を提示するという文章の特徴を理解している。
○資料を提示して説明を補う方法を理解し，適切な資料を選んで使っている。
○新しく習う漢字を正しく読んだり書いたりしている。
　　　　　　　　　　　　　　　　　　　　　　　　　● 対応する学習指導要領の項目：(1) エ，カ　(2) イ

≫思考・判断・表現
○資料を活用するなどして，自分の考えが伝わるように表現を工夫している。
○日本の魅力についての提案を聞き，話の内容を捉え，話し手の考えと自分の考えを比較している。
○「日本の魅力は何か」について，自分の考えを話したり，友達の提案を聞いたりする活動をしている。
　　　　　　　　　　　　　　　　　　　　　　　　　● 対応する学習指導要領の項目：A (1) ウ，エ　(2) ア
○「日本の魅力は何か」についてイメージマップを作って考えを広げ，テーマを決めている。
○自分の考えや根拠，資料をもとに，構成表にまとめている。
○年鑑や統計資料などで調べた図表やグラフを使うなどして，考えが伝わるように工夫して書いている。
○日本の魅力について提案するなど，考えたことを書く活動をしている。
　　　　　　　　　　　　　　　　　　　　　　　　　● 対応する学習指導要領の項目：B (1) ア，イ，エ　(2) ア

≫主体的に学習に取り組む態度

○日本の魅力を見つけて，さまざまな資料を集め，説得力のある提案にするために工夫しようとしている。

学習活動

小単元名	時数	学習活動	学習の過程
日本の魅力，再発見①	1	○86ページ下段を読み，学習のめあてと学習の流れを確かめる。	見通し
		○日本にはどんな魅力があるか，意見を出し合う。	内容の検討
日本の魅力，再発見②	7	○日本の魅力についてテーマを決めて，提案原稿を書く。	内容の検討
		・「日本の魅力は何か」についてイメージマップを作って考えを広げる。	題材の設定
		・イメージマップをもとに，テーマを決める。	
		・テーマにそって自分の考えの根拠となる資料を集める。	情報の収集
		・自分の考えや根拠，資料をもとに，構成表にまとめる。	構成の検討
		・構成表をもとに，提案原稿を書く。	記述　推敲
日本の魅力，再発見③	4	○提案原稿をもとに，提案し合う。	表現　共有
		○提案に説得力をもたせるために工夫したことを話し合う。	

| 6年 | 学図 | | 教科書【下】：p.94～95　配当時数：1時間　配当月：2月 |

言葉の泉2

言葉は変わる

関連する道徳の内容項目　B相互理解，寛容　C伝統と文化の尊重，国や郷土を愛する態度

到達目標

≫知識・技能
○時間の経過による言葉の変化や世代による言葉の違いを理解することができる。

≫主体的に学習に取り組む態度　※「主体的に学習に取り組む態度」は方向目標を示しています。
○言葉が時代や世代によって変化することを理解し，言葉について考えたり調べたりしようとする。

評価規準

≫知識・技能
○時間の経過による言葉の変化や世代による言葉の違いを理解している。

→対応する学習指導要領の項目：(3) ウ

≫主体的に学習に取り組む態度
○言葉が時代や世代によって変化することを理解し，言葉について考えたり調べたりしている。

学習活動

小単元名	時数	学習活動	学習の過程
言葉は変わる	1	○時代や世代によって，言葉が変化することを理解する。 ・文語と口語 ・世代による言葉の変化 ・時代による言葉の変化	

| 6年 | 学図 | 教科書【下】：p.96〜109　配当時数：6時間　配当月：2〜3月 |

6 自分と重ねて読もう
その日，ぼくが考えたこと

主領域　C読むこと

関連する道徳の内容項目　C家族愛，家庭生活の充実／国際理解，国際親善　D生命の尊さ／よりよく生きる喜び

到達目標

》知識・技能
○文の中での語句の係り方や語順，文と文との接続の関係，文章の構成や展開について理解することができる。
○文章を音読したり朗読したりすることができる。
○新しく習う漢字を正しく読んだり書いたりすることができる。

》思考・判断・表現
○人物像や物語の全体像を具体的に想像したり，表現の効果を考えたりすることができる。
○文章を読んで理解したことに基づいて，自分の考えをまとめることができる。
○文章を読んでまとめた意見や感想を共有し，自分の考えを広げることができる。
○物語を読み，内容を説明したり，自分の生き方などについて考えたことを伝え合ったりする活動ができる。

》主体的に学習に取り組む態度　※「主体的に学習に取り組む態度」は方向目標を示しています。
○登場人物の考え方をもとに，自分たちの問題として考えようとする。

評価規準

》知識・技能
○漢字で書ける言葉を片仮名で表すなどの表現による伝わり方の効果を理解している。
○「その日，ぼくが考えたこと」を場面の様子を想像しながら音読した朗読したりしている。
○新しく習う漢字を正しく読んだり書いたりしている。
　　　　　　　　　　　　　　　　　　　　　　　　　　　●対応する学習指導要領の項目：(1) エ，カ，ケ

》思考・判断・表現
○登場人物それぞれの人物像を具体的に想像したり，表現の効果を考えたりしている。
○物語の中で「ぼく」が考えたことを，自分の問題として捉え，考えをまとめている。
○「その日，ぼくが考えたこと」を読んでまとめた考えを友達と交流し，自分の考えを広げている。
○「ぼく」が考えたことの中で，いちばん気になった問題について，ペアやグループで話し合っている。
　　　　　　　　　　　　　　　　　　　　　●対応する学習指導要領の項目：C (1) エ，オ，カ　(2) イ

》主体的に学習に取り組む態度
○登場人物の考え方をもとに，自分たちの問題として考えようとしている。

学習活動

小単元名	時数	学習活動	学習の過程
その日，ぼくが考えたこと①	1	○108・109ページ「学習のてびき」を読み，学習のめあてを確かめる。	見通し
		○全文を読み，「その日」がどんな日かを考える。	構造と内容の把握
その日，ぼくが考えたこと②	3	○「ぼく」が考えたことを，まとまりごとに読む。 ・交通事故にあったシュウタ君のこと ・干ばつと飢餓と伝染病に苦しむアフリカの国の話題 ・「ハッピー大家族物語」のテレビ番組 ・飼い犬のシロのこと	
その日，ぼくが考えたこと③	2	○「ぼく」が考えたことについて，自分のこととして考える。 ・「ぼく」が考えたことの中で，いちばん気になった問題について，ペアやグループで話し合う。	

6年　学図　　　　　　　　　　　　　教科書【下】：p.110〜110　配当時数：1時間　配当月：3月

言葉をつないで文を作ろう3

5年生で習った漢字③

主領域　B書くこと

到達目標

知識・技能
○第5学年までに配当されている漢字を，文や文章の中で使うことができる。

思考・判断・表現
○絵や目的に合った漢字を使って文を書いたり，間違いを正したりすることができる。

主体的に学習に取り組む態度　※「主体的に学習に取り組む態度」は方向目標を示しています。
○110ページの言葉を使って，絵に合った文を書こうとする。

評価規準

知識・技能
○5年生で学習した漢字を使って文や文章を作っている。
　　　　　　　　　　　　　　　　　　　　　　　　　　対応する学習指導要領の項目：(1) エ

思考・判断・表現
○絵や目的に合った漢字を使って文を書いたり，間違いを正したりしている。
　　　　　　　　　　　　　　　　　　　　　　　　　　対応する学習指導要領の項目：B (1) オ

主体的に学習に取り組む態度
○110ページの言葉を使って，小学校生活の思い出や将来の夢を発表する文を書いている。

学習活動

小単元名	時数	学習活動	学習の過程
5年生で習った漢字③	1	○110ページにある言葉を使って，小学校生活の思い出や将来の夢を発表する文を作る。 ・間違いがないか確かめる。	推敲

| 6年 | 学図 | | 教科書【下】：p.111～111　配当時数：1時間　配当月：3月 |

言葉で遊ぼう

到達目標

》知識・技能
○教科で使われる言葉の特徴を理解することができる。
○新しく習う漢字を正しく読んだり書いたりすることができる。

》主体的に学習に取り組む態度　※「主体的に学習に取り組む態度」は方向目標を示しています。
○教科で使われている言葉の特徴を考えて，分類ゲームをしようとする。

評価規準

》知識・技能
○教科で使われている言葉について，いろいろな特徴で分類している。
○新しく習う漢字を正しく読んだり書いたりしている。

● 対応する学習指導要領の項目：(1) エ，オ

》主体的に学習に取り組む態度
○教科で使われている言葉の特徴を考えて，分類ゲームをしようとしている。

学習活動

小単元名	時数	学習活動	学習の過程
言葉で遊ぼう	1	○教科の言葉をそれぞれの特徴を見つけて分類し，確かめ合う。	

6年　学図　　教科書【下】：p.112～113　配当時数：1時間　配当月：3月

これからのあなたへ
支度

主領域　C読むこと
関連する道徳の内容項目　A希望と勇気，努力と強い意志

到達目標

》知識・技能
○比喩や反復などの表現の工夫に気づくことができる。

》思考・判断・表現
○文章を読んでまとめた意見や感想を共有し，自分の考えを広げることができる。
○詩を読み，内容を説明したり，自分の生き方などについて考えたことを伝え合ったりする活動ができる。

》主体的に学習に取り組む態度　※「主体的に学習に取り組む態度」は方向目標を示しています。
○詩の情景を思いうかべながら音読しようとする。

評価規準

》知識・技能
○詩の表現の工夫を見つけている。
　　　　　　　　　　　　　　　　　　　　　　　　　　　●対応する学習指導要領の項目：(1) ク

》思考・判断・表現
○詩に描かれている情景や作者の思いを共有し，自分の考えを広げている。
○『支度』を読んで感じたこと，「心の支度」に関連付けて考えたことなどを伝え合っている。
　　　　　　　　　　　　　　　　　　　　　　　　　　　●対応する学習指導要領の項目：C (1) カ　(2) イ

》主体的に学習に取り組む態度
○詩の情景を思いうかべながら音読している。

学習活動

小単元名	時数	学習活動	学習の過程
支度	1	○詩に描かれている情景や作者の思いを想像しながら音読する。	考えの形成　共有
		・どんな場面が描かれているのかを想像しながら読む。	考えの形成
		・描かれている場面や作者の心情が表れるように工夫して音読する。	共有

| 6年 | 学図 | 教科書【下】：p.114〜116　配当時数：2時間　配当月：3月 |

六年生の国語学習でついた力を確かめよう

六年生をふり返って

主領域 B書くこと

到達目標

≫知識・技能
○文や文章の中で漢字と仮名を適切に使い分けるとともに，送り仮名や仮名遣いに注意して正しく書くことができる。

≫思考・判断・表現
○相手や目的を意識して，経験したことや想像したことなどから書くことを選び，集めた材料を比較したり分類したりして，伝えたいことを明確にすることができる。

≫主体的に学習に取り組む態度　※「主体的に学習に取り組む態度」は方向目標を示しています。
○6年間の学びをふり返り，改めて考えたことや社会に目を向けて取り組んでいきたいことを書こうとする。

評価規準

≫知識・技能
○漢字と仮名を適切に使い分けながら文章を書いている。
　　　　　　　　　　　　　　　　　　　　　　　　　　　●対応する学習指導要領の項目：(1) ウ

≫思考・判断・表現
○自分がいちばんがんばった学習，学んだこと，これからもがんばっていきたいことなどの中から書くことを選び，伝えたいことを明確にして書いている。
　　　　　　　　　　　　　　　　　　　　　　　　　　　●対応する学習指導要領の項目：B (1) ア

≫主体的に学習に取り組む態度
○6年間の学びをふり返り，改めて考えたことや社会に目を向けて取り組んでいきたいことを書こうとしている。

学習活動

小単元名	時数	学習活動	学習の過程
六年生をふり返って①	1	○114・115ページをもとに6年生の国語の学びをふり返り，印象に残っている学習を伝え合う。	情報の収集　共有
六年生をふり返って②	1	○6年間の学びをふり返り，改めて考えたことや社会目をに向けて取り組んでいきたいことを書く。	記述　共有

MEMO

MEMO

MEMO

MEMO

学習指導要領

第1節　国　　語

第1　目　標

　言葉による見方・考え方を働かせ，言語活動を通して，国語で正確に理解し適切に表現する資質・能力を次のとおり育成することを目指す。

(1)　日常生活に必要な国語について，その特質を理解し適切に使うことができるようにする。

(2)　日常生活における人との関わりの中で伝え合う力を高め，思考力や想像力を養う。

(3)　言葉がもつよさを認識するとともに，言語感覚を養い，国語の大切さを自覚し，国語を尊重してその能力の向上を図る態度を養う。

第2　各学年の目標及び内容

　〔第1学年及び第2学年〕

　1　目　標

(1)　日常生活に必要な国語の知識や技能を身に付けるとともに，我が国の言語文化に親しんだり理解したりすることができるようにする。

(2)　順序立てて考える力や感じたり想像したりする力を養い，日常生活における人との関わりの中で伝え合う力を高め，自分の思いや考えをもつことができるようにする。

(3)　言葉がもつよさを感じるとともに，楽しんで読書をし，国語を大切にして，思いや考えを伝え合おうとする態度を養う。

　2　内　容

　〔知識及び技能〕

(1)　言葉の特徴や使い方に関する次の事項を身に付けることができるよう指導する。

　　ア　言葉には，事物の内容を表す働きや，経験したことを伝える働きがあることに気付くこと。

　　イ　音節と文字との関係，アクセントによる語の意味の違いなどに気付くとともに，姿勢や口形，発声や発音に注意して話すこと。

　　ウ　長音，拗音，促音，撥音などの表記，助詞の「は」，「へ」及び「を」の使い方，句読点の打ち方，かぎ（「　」）の使い方を理解して文や文章の中で使うこと。また，平仮名及び片仮名を読み，書くとともに，片仮名で書く語の種類を知り，文や文章の中で使うこと。

　　エ　第1学年においては，別表の学年別漢字配当表（以下「学年別漢字配当表」という。）の第1学年に配当されている漢字を読み，漸次書き，文や文章の中で使うこと。第2学年においては，学年別漢字配当表の第2学年までに配当されている漢字を読むこと。また，第1学年に配当されている漢字

を書き，文や文章の中で使うとともに，第2学年に配当されている漢字を漸次書き，文や文章の中で使うこと。

　オ　身近なことを表す語句の量を増し，話や文章の中で使うとともに，言葉には意味による語句のまとまりがあることに気付き，語彙を豊かにすること。

　カ　文の中における主語と述語との関係に気付くこと。

　キ　丁寧な言葉と普通の言葉との違いに気を付けて使うとともに，敬体で書かれた文章に慣れること。

　ク　語のまとまりや言葉の響きなどに気を付けて音読すること。

(2) 話や文章に含まれている情報の扱い方に関する次の事項を身に付けることができるよう指導する。

　ア　共通，相違，事柄の順序など情報と情報との関係について理解すること。

(3) 我が国の言語文化に関する次の事項を身に付けることができるよう指導する。

　ア　昔話や神話・伝承などの読み聞かせを聞くなどして，我が国の伝統的な言語文化に親しむこと。

　イ　長く親しまれている言葉遊びを通して，言葉の豊かさに気付くこと。

　ウ　書写に関する次の事項を理解し使うこと。

　　(ア)　姿勢や筆記具の持ち方を正しくして書くこと。

　　(イ)　点画の書き方や文字の形に注意しながら，筆順に従って丁寧に書くこと。

　　(ウ)　点画相互の接し方や交わり方，長短や方向などに注意して，文字を正しく書くこと。

　エ　読書に親しみ，いろいろな本があることを知ること。

〔思考力，判断力，表現力等〕

A　話すこと・聞くこと

(1) 話すこと・聞くことに関する次の事項を身に付けることができるよう指導する。

　ア　身近なことや経験したことなどから話題を決め，伝え合うために必要な事柄を選ぶこと。

　イ　相手に伝わるように，行動したことや経験したことに基づいて，話す事柄の順序を考えること。

　ウ　伝えたい事柄や相手に応じて，声の大きさや速さなどを工夫すること。

　エ　話し手が知らせたいことや自分が聞きたいことを落とさないように集中して聞き，話の内容を捉えて感想をもつこと。

　オ　互いの話に関心をもち，相手の発言を受けて話をつなぐこと。

(2) (1)に示す事項については，例えば，次のような言語活動を通して指導するものとする。

　ア　紹介や説明，報告など伝えたいことを話したり，それらを聞いて声に出して確かめたり感想を述べたりする活動。

　イ　尋ねたり応答したりするなどして，少人数で話し合う活動。

B　書くこと
(1) 書くことに関する次の事項を身に付けることができるよう指導する。
　ア　経験したことや想像したことなどから書くことを見付け，必要な事柄を集めたり確かめたりして，伝えたいことを明確にすること。
　イ　自分の思いや考えが明確になるように，事柄の順序に沿って簡単な構成を考えること。
　ウ　語と語や文と文との続き方に注意しながら，内容のまとまりが分かるように書き表し方を工夫すること。
　エ　文章を読み返す習慣を付けるとともに，間違いを正したり，語と語や文と文との続き方を確かめたりすること。
　オ　文章に対する感想を伝え合い，自分の文章の内容や表現のよいところを見付けること。
(2) (1)に示す事項については，例えば，次のような言語活動を通して指導するものとする。
　ア　身近なことや経験したことを報告したり，観察したことを記録したりするなど，見聞きしたことを書く活動。
　イ　日記や手紙を書くなど，思ったことや伝えたいことを書く活動。
　ウ　簡単な物語をつくるなど，感じたことや想像したことを書く活動。

C　読むこと
(1) 読むことに関する次の事項を身に付けることができるよう指導する。
　ア　時間的な順序や事柄の順序などを考えながら，内容の大体を捉えること。
　イ　場面の様子や登場人物の行動など，内容の大体を捉えること。
　ウ　文章の中の重要な語や文を考えて選び出すこと。
　エ　場面の様子に着目して，登場人物の行動を具体的に想像すること。
　オ　文章の内容と自分の体験とを結び付けて，感想をもつこと。
　カ　文章を読んで感じたことや分かったことを共有すること。
(2) (1)に示す事項については，例えば，次のような言語活動を通して指導するものとする。
　ア　事物の仕組みを説明した文章などを読み，分かったことや考えたことを述べる活動。
　イ　読み聞かせを聞いたり物語などを読んだりして，内容や感想などを伝え合ったり，演じたりする活動。
　ウ　学校図書館などを利用し，図鑑や科学的なことについて書いた本などを読み，分かったことなどを説明する活動。

〔第3学年及び第4学年〕

1　目　標
(1) 日常生活に必要な国語の知識や技能を身に付けるとともに，我が国の言語文化に親しんだり理解したりすることができるようにする。
(2) 筋道立てて考える力や豊かに感じたり想像したりする力を養い，日常生活における人との関わりの中で伝え合う力を高め，自分の思いや考えをまとめることができるようにする。
(3) 言葉がもつよさに気付くとともに，幅広く読書をし，国語を大切にして，思いや考えを伝え合おうとする態度を養う。

2　内　容
〔知識及び技能〕
(1) 言葉の特徴や使い方に関する次の事項を身に付けることができるよう指導する。
　ア　言葉には，考えたことや思ったことを表す働きがあることに気付くこと。
　イ　相手を見て話したり聞いたりするとともに，言葉の抑揚や強弱，間の取り方などに注意して話すこと。
　ウ　漢字と仮名を用いた表記，送り仮名の付け方，改行の仕方を理解して文や文章の中で使うとともに，句読点を適切に打つこと。また，第3学年においては，日常使われている簡単な単語について，ローマ字で表記されたものを読み，ローマ字で書くこと。
　エ　第3学年及び第4学年の各学年においては，学年別漢字配当表の当該学年までに配当されている漢字を読むこと。また，当該学年の前の学年までに配当されている漢字を書き，文や文章の中で使うとともに，当該学年に配当されている漢字を漸次書き，文や文章の中で使うこと。
　オ　様子や行動，気持ちや性格を表す語句の量を増し，話や文章の中で使うとともに，言葉には性質や役割による語句のまとまりがあることを理解し，語彙を豊かにすること。
　カ　主語と述語との関係，修飾と被修飾との関係，指示する語句と接続する語句の役割，段落の役割について理解すること。
　キ　丁寧な言葉を使うとともに，敬体と常体との違いに注意しながら書くこと。
　ク　文章全体の構成や内容の大体を意識しながら音読すること。
(2) 話や文章に含まれている情報の扱い方に関する次の事項を身に付けることができるよう指導する。
　ア　考えとそれを支える理由や事例，全体と中心など情報と情報との関係について理解すること。
　イ　比較や分類の仕方，必要な語句などの書き留め方，引用の仕方や出典の示し方，辞書や事典の使い方を理解し使うこと。
(3) 我が国の言語文化に関する次の事項を身に付けることができるよう指導する。
　ア　易しい文語調の短歌や俳句を音読したり暗唱したりするなどして，言葉の響きやリズムに親しむ

こと。
　イ　長い間使われてきたことわざや慣用句，故事成語などの意味を知り，使うこと。
　ウ　漢字が，へんやつくりなどから構成されていることについて理解すること。
　エ　書写に関する次の事項を理解し使うこと。
　　(ア)　文字の組立て方を理解し，形を整えて書くこと。
　　(イ)　漢字や仮名の大きさ，配列に注意して書くこと。
　　(ウ)　毛筆を使用して点画の書き方への理解を深め，筆圧などに注意して書くこと。
　オ　幅広く読書に親しみ，読書が，必要な知識や情報を得ることに役立つことに気付くこと。
〔思考力，判断力，表現力等〕
A　話すこと・聞くこと
(1)　話すこと・聞くことに関する次の事項を身に付けることができるよう指導する。
　ア　目的を意識して，日常生活の中から話題を決め，集めた材料を比較したり分類したりして，伝え合うために必要な事柄を選ぶこと。
　イ　相手に伝わるように，理由や事例などを挙げながら，話の中心が明確になるよう話の構成を考えること。
　ウ　話の中心や話す場面を意識して，言葉の抑揚や強弱，間の取り方などを工夫すること。
　エ　必要なことを記録したり質問したりしながら聞き，話し手が伝えたいことや自分が聞きたいことの中心を捉え，自分の考えをもつこと。
　オ　目的や進め方を確認し，司会などの役割を果たしながら話し合い，互いの意見の共通点や相違点に着目して，考えをまとめること。
(2)　(1)に示す事項については，例えば，次のような言語活動を通して指導するものとする。
　ア　説明や報告など調べたことを話したり，それらを聞いたりする活動。
　イ　質問するなどして情報を集めたり，それらを発表したりする活動。
　ウ　互いの考えを伝えるなどして，グループや学級全体で話し合う活動。
B　書くこと
(1)　書くことに関する次の事項を身に付けることができるよう指導する。
　ア　相手や目的を意識して，経験したことや想像したことなどから書くことを選び，集めた材料を比較したり分類したりして，伝えたいことを明確にすること。
　イ　書く内容の中心を明確にし，内容のまとまりで段落をつくったり，段落相互の関係に注意したりして，文章の構成を考えること。
　ウ　自分の考えとそれを支える理由や事例との関係を明確にして，書き表し方を工夫すること。

エ　間違いを正したり，相手や目的を意識した表現になっているかを確かめたりして，文や文章を整えること。
　　オ　書こうとしたことが明確になっているかなど，文章に対する感想や意見を伝え合い，自分の文章のよいところを見付けること。
　(2)　(1)に示す事項については，例えば，次のような言語活動を通して指導するものとする。
　　ア　調べたことをまとめて報告するなど，事実やそれを基に考えたことを書く活動。
　　イ　行事の案内やお礼の文章を書くなど，伝えたいことを手紙に書く活動。
　　ウ　詩や物語をつくるなど，感じたことや想像したことを書く活動。
C　読むこと
　(1)　読むことに関する次の事項を身に付けることができるよう指導する。
　　ア　段落相互の関係に着目しながら，考えとそれを支える理由や事例との関係などについて，叙述を基に捉えること。
　　イ　登場人物の行動や気持ちなどについて，叙述を基に捉えること。
　　ウ　目的を意識して，中心となる語や文を見付けて要約すること。
　　エ　登場人物の気持ちの変化や性格，情景について，場面の移り変わりと結び付けて具体的に想像すること。
　　オ　文章を読んで理解したことに基づいて，感想や考えをもつこと。
　　カ　文章を読んで感じたことや考えたことを共有し，一人一人の感じ方などに違いがあることに気付くこと。
　(2)　(1)に示す事項については，例えば，次のような言語活動を通して指導するものとする。
　　ア　記録や報告などの文章を読み，文章の一部を引用して，分かったことや考えたことを説明したり，意見を述べたりする活動。
　　イ　詩や物語などを読み，内容を説明したり，考えたことなどを伝え合ったりする活動。
　　ウ　学校図書館などを利用し，事典や図鑑などから情報を得て，分かったことなどをまとめて説明する活動。

〔第5学年及び第6学年〕
1　目　標
　(1)　日常生活に必要な国語の知識や技能を身に付けるとともに，我が国の言語文化に親しんだり理解したりすることができるようにする。
　(2)　筋道立てて考える力や豊かに感じたり想像したりする力を養い，日常生活における人との関わりの

中で伝え合う力を高め，自分の思いや考えを広げることができるようにする。
　(3)　言葉がもつよさを認識するとともに，進んで読書をし，国語の大切さを自覚して，思いや考えを伝え合おうとする態度を養う。
2　内　容
〔知識及び技能〕
(1)　言葉の特徴や使い方に関する次の事項を身に付けることができるよう指導する。
　　ア　言葉には，相手とのつながりをつくる働きがあることに気付くこと。
　　イ　話し言葉と書き言葉との違いに気付くこと。
　　ウ　文や文章の中で漢字と仮名を適切に使い分けるとともに，送り仮名や仮名遣いに注意して正しく書くこと。
　　エ　第5学年及び第6学年の各学年においては，学年別漢字配当表の当該学年までに配当されている漢字を読むこと。また，当該学年の前の学年までに配当されている漢字を書き，文や文章の中で使うとともに，当該学年に配当されている漢字を漸次書き，文や文章の中で使うこと。
　　オ　思考に関わる語句の量を増し，話や文章の中で使うとともに，語句と語句との関係，語句の構成や変化について理解し，語彙を豊かにすること。また，語感や言葉の使い方に対する感覚を意識して，語や語句を使うこと。
　　カ　文の中での語句の係り方や語順，文と文との接続の関係，話や文章の構成や展開，話や文章の種類とその特徴について理解すること。
　　キ　日常よく使われる敬語を理解し使い慣れること。
　　ク　比喩や反復などの表現の工夫に気付くこと。
　　ケ　文章を音読したり朗読したりすること。
(2)　話や文章に含まれている情報の扱い方に関する次の事項を身に付けることができるよう指導する。
　　ア　原因と結果など情報と情報との関係について理解すること。
　　イ　情報と情報との関係付けの仕方，図などによる語句と語句との関係の表し方を理解し使うこと。
(3)　我が国の言語文化に関する次の事項を身に付けることができるよう指導する。
　　ア　親しみやすい古文や漢文，近代以降の文語調の文章を音読するなどして，言葉の響きやリズムに親しむこと。
　　イ　古典について解説した文章を読んだり作品の内容の大体を知ったりすることを通して，昔の人のものの見方や感じ方を知ること。
　　ウ　語句の由来などに関心をもつとともに，時間の経過による言葉の変化や世代による言葉の違いに気付き，共通語と方言との違いを理解すること。また，仮名及び漢字の由来，特質などについて理

解すること。
　エ　書写に関する次の事項を理解し使うこと。
　　(ｱ)　用紙全体との関係に注意して，文字の大きさや配列などを決めるとともに，書く速さを意識して書くこと。
　　(ｲ)　毛筆を使用して，穂先の動きと点画のつながりを意識して書くこと。
　　(ｳ)　目的に応じて使用する筆記具を選び，その特徴を生かして書くこと。
　オ　日常的に読書に親しみ，読書が，自分の考えを広げることに役立つことに気付くこと。

〔思考力，判断力，表現力等〕

A　話すこと・聞くこと
(1)　話すこと・聞くことに関する次の事項を身に付けることができるよう指導する。
　ア　目的や意図に応じて，日常生活の中から話題を決め，集めた材料を分類したり関係付けたりして，伝え合う内容を検討すること。
　イ　話の内容が明確になるように，事実と感想，意見とを区別するなど，話の構成を考えること。
　ウ　資料を活用するなどして，自分の考えが伝わるように表現を工夫すること。
　エ　話し手の目的や自分が聞こうとする意図に応じて，話の内容を捉え，話し手の考えと比較しながら，自分の考えをまとめること。
　オ　互いの立場や意図を明確にしながら計画的に話し合い，考えを広げたりまとめたりすること。
(2)　(1)に示す事項については，例えば，次のような言語活動を通して指導するものとする。
　ア　意見や提案など自分の考えを話したり，それらを聞いたりする活動。
　イ　インタビューなどをして必要な情報を集めたり，それらを発表したりする活動。
　ウ　それぞれの立場から考えを伝えるなどして話し合う活動。

B　書くこと
(1)　書くことに関する次の事項を身に付けることができるよう指導する。
　ア　目的や意図に応じて，感じたことや考えたことなどから書くことを選び，集めた材料を分類したり関係付けたりして，伝えたいことを明確にすること。
　イ　筋道の通った文章となるように，文章全体の構成や展開を考えること。
　ウ　目的や意図に応じて簡単に書いたり詳しく書いたりするとともに，事実と感想，意見とを区別して書いたりするなど，自分の考えが伝わるように書き表し方を工夫すること。
　エ　引用したり，図表やグラフなどを用いたりして，自分の考えが伝わるように書き表し方を工夫すること。
　オ　文章全体の構成や書き表し方などに着目して，文や文章を整えること。

カ　文章全体の構成や展開が明確になっているかなど，文章に対する感想や意見を伝え合い，自分の文章のよいところを見付けること。
 (2) (1)に示す事項については，例えば，次のような言語活動を通して指導するものとする。
　　ア　事象を説明したり意見を述べたりするなど，考えたことや伝えたいことを書く活動。
　　イ　短歌や俳句をつくるなど，感じたことや想像したことを書く活動。
　　ウ　事実や経験を基に，感じたり考えたりしたことや自分にとっての意味について文章に書く活動。
C　読むこと
 (1) 読むことに関する次の事項を身に付けることができるよう指導する。
　　ア　事実と感想，意見などとの関係を叙述を基に押さえ，文章全体の構成を捉えて要旨を把握すること。
　　イ　登場人物の相互関係や心情などについて，描写を基に捉えること。
　　ウ　目的に応じて，文章と図表などを結び付けるなどして必要な情報を見付けたり，論の進め方について考えたりすること。
　　エ　人物像や物語などの全体像を具体的に想像したり，表現の効果を考えたりすること。
　　オ　文章を読んで理解したことに基づいて，自分の考えをまとめること。
　　カ　文章を読んでまとめた意見や感想を共有し，自分の考えを広げること。
 (2) (1)に示す事項については，例えば，次のような言語活動を通して指導するものとする。
　　ア　説明や解説などの文章を比較するなどして読み，分かったことや考えたことを，話し合ったり文章にまとめたりする活動。
　　イ　詩や物語，伝記などを読み，内容を説明したり，自分の生き方などについて考えたことを伝え合ったりする活動。
　　ウ　学校図書館などを利用し，複数の本や新聞などを活用して，調べたり考えたりしたことを報告する活動。

第3　指導計画の作成と内容の取扱い
 1　指導計画の作成に当たっては，次の事項に配慮するものとする。
 (1) 単元など内容や時間のまとまりを見通して，その中で育む資質・能力の育成に向けて，児童の主体的・対話的で深い学びの実現を図るようにすること。その際，言葉による見方・考え方を働かせ，言語活動を通して，言葉の特徴や使い方などを理解し自分の思いや考えを深める学習の充実を図ること。
 (2) 第2の各学年の内容の指導については，必要に応じて当該学年より前の学年において初歩的な形で

取り上げたり，その後の学年で程度を高めて取り上げたりするなどして，弾力的に指導すること。

(3) 第2の各学年の内容の〔知識及び技能〕に示す事項については，〔思考力，判断力，表現力等〕に示す事項の指導を通して指導することを基本とし，必要に応じて，特定の事項だけを取り上げて指導したり，それらをまとめて指導したりするなど，指導の効果を高めるよう工夫すること。なお，その際，第1章総則の第2の3の(2)のウの(イ)に掲げる指導を行う場合には，当該指導のねらいを明確にするとともに，単元など内容や時間のまとまりを見通して資質・能力が偏りなく育成されるよう計画的に指導すること。

(4) 第2の各学年の内容の〔思考力，判断力，表現力等〕の「A話すこと・聞くこと」に関する指導については，意図的，計画的に指導する機会が得られるように，第1学年及び第2学年では年間35単位時間程度，第3学年及び第4学年では年間30単位時間程度，第5学年及び第6学年では年間25単位時間程度を配当すること。その際，音声言語のための教材を活用するなどして指導の効果を高めるよう工夫すること。

(5) 第2の各学年の内容の〔思考力，判断力，表現力等〕の「B書くこと」に関する指導については，第1学年及び第2学年では年間100単位時間程度，第3学年及び第4学年では年間85単位時間程度，第5学年及び第6学年では年間55単位時間程度を配当すること。その際，実際に文章を書く活動をなるべく多くすること。

(6) 第2の第1学年及び第2学年の内容の〔知識及び技能〕の(3)のエ，第3学年及び第4学年，第5学年及び第6学年の内容の〔知識及び技能〕の(3)のオ及び各学年の内容の〔思考力，判断力，表現力等〕の「C読むこと」に関する指導については，読書意欲を高め，日常生活において読書活動を活発に行うようにするとともに，他教科等の学習における読書の指導や学校図書館における指導との関連を考えて行うこと。

(7) 低学年においては，第1章総則の第2の4の(1)を踏まえ，他教科等との関連を積極的に図り，指導の効果を高めるようにするとともに，幼稚園教育要領等に示す幼児期の終わりまでに育ってほしい姿との関連を考慮すること。特に，小学校入学当初においては，生活科を中心とした合科的・関連的な指導や，弾力的な時間割の設定を行うなどの工夫をすること。

(8) 言語能力の向上を図る観点から，外国語活動及び外国語科など他教科等との関連を積極的に図り，指導の効果を高めるようにすること。

(9) 障害のある児童などについては，学習活動を行う場合に生じる困難さに応じた指導内容や指導方法の工夫を計画的，組織的に行うこと。

(10) 第1章総則の第1の2の(2)に示す道徳教育の目標に基づき，道徳科などとの関連を考慮しながら，第3章特別の教科道徳の第2に示す内容について，国語科の特質に応じて適切な指導をすること。

2 第2の内容の取扱いについては,次の事項に配慮するものとする。
(1) 〔知識及び技能〕に示す事項については,次のとおり取り扱うこと。
　ア　日常の言語活動を振り返ることなどを通して,児童が,実際に話したり聞いたり書いたり読んだりする場面を意識できるよう指導を工夫すること。
　イ　表現したり理解したりするために必要な文字や語句については,辞書や事典を利用して調べる活動を取り入れるなど,調べる習慣が身に付くようにすること。
　ウ　第3学年におけるローマ字の指導に当たっては,第5章総合的な学習の時間の第3の2の(3)に示す,コンピュータで文字を入力するなどの学習の基盤として必要となる情報手段の基本的な操作を習得し,児童が情報や情報手段を主体的に選択し活用できるよう配慮することとの関連が図られるようにすること。
　エ　漢字の指導については,第2の内容に定めるほか,次のとおり取り扱うこと。
　　(ア)　学年ごとに配当されている漢字は,児童の学習負担に配慮しつつ,必要に応じて,当該学年以前の学年又は当該学年以降の学年において指導することもできること。
　　(イ)　当該学年より後の学年に配当されている漢字及びそれ以外の漢字については,振り仮名を付けるなど,児童の学習負担に配慮しつつ提示することができること。
　　(ウ)　他教科等の学習において必要となる漢字については,当該教科等と関連付けて指導するなど,その確実な定着が図られるよう指導を工夫すること。
　　(エ)　漢字の指導においては,学年別漢字配当表に示す漢字の字体を標準とすること。
　オ　各学年の(3)のア及びイに関する指導については,各学年で行い,古典に親しめるよう配慮すること。
　カ　書写の指導については,第2の内容に定めるほか,次のとおり取り扱うこと。
　　(ア)　文字を正しく整えて書くことができるようにするとともに,書写の能力を学習や生活に役立てる態度を育てるよう配慮すること。
　　(イ)　硬筆を使用する書写の指導は各学年で行うこと。
　　(ウ)　毛筆を使用する書写の指導は第3学年以上の各学年で行い,各学年年間30単位時間程度を配当するとともに,毛筆を使用する書写の指導は硬筆による書写の能力の基礎を養うよう指導すること。
　　(エ)　第1学年及び第2学年の(3)のウの(イ)の指導については,適切に運筆する能力の向上につながるよう,指導を工夫すること。
(2) 第2の内容の指導に当たっては,児童がコンピュータや情報通信ネットワークを積極的に活用する機会を設けるなどして,指導の効果を高めるよう工夫すること。

(3) 第2の内容の指導に当たっては，学校図書館などを目的をもって計画的に利用しその機能の活用を図るようにすること。その際，本などの種類や配置，探し方について指導するなど，児童が必要な本などを選ぶことができるよう配慮すること。なお，児童が読む図書については，人間形成のため偏りがないよう配慮して選定すること。

3 教材については，次の事項に留意するものとする。

(1) 教材は，第2の各学年の目標及び内容に示す資質・能力を偏りなく養うことや読書に親しむ態度の育成を通して読書習慣を形成することをねらいとし，児童の発達の段階に即して適切な話題や題材を精選して調和的に取り上げること。また，第2の各学年の内容の〔思考力，判断力，表現力等〕の「A話すこと・聞くこと」，「B書くこと」及び「C読むこと」のそれぞれの(2)に掲げる言語活動が十分行われるよう教材を選定すること。

(2) 教材は，次のような観点に配慮して取り上げること。

　ア　国語に対する関心を高め，国語を尊重する態度を育てるのに役立つこと。

　イ　伝え合う力，思考力や想像力及び言語感覚を養うのに役立つこと。

　ウ　公正かつ適切に判断する能力や態度を育てるのに役立つこと。

　エ　科学的，論理的に物事を捉え考察し，視野を広げるのに役立つこと。

　オ　生活を明るくし，強く正しく生きる意志を育てるのに役立つこと。

　カ　生命を尊重し，他人を思いやる心を育てるのに役立つこと。

　キ　自然を愛し，美しいものに感動する心を育てるのに役立つこと。

　ク　我が国の伝統と文化に対する理解と愛情を育てるのに役立つこと。

　ケ　日本人としての自覚をもって国を愛し，国家，社会の発展を願う態度を育てるのに役立つこと。

　コ　世界の風土や文化などを理解し，国際協調の精神を養うのに役立つこと。

(3) 第2の各学年の内容の〔思考力，判断力，表現力等〕の「C読むこと」の教材については，各学年で説明的な文章や文学的な文章などの文章形態を調和的に取り扱うこと。また，説明的な文章については，適宜，図表や写真などを含むものを取り上げること。

「別表　学年別漢字配当表」は省略

小学校　教科書単元別
到達目標と評価規準 〈国語〉学 4-6年
2020年度新教科書対応

2019年10月30日　初版第1版発行

企画・編集	日本標準教育研究所
発　行　所	株式会社　日本標準
発　行　者	伊藤　潔

〒167-0052　東京都杉並区南荻窪3-31-18
TEL 03-3334-2630　FAX 03-3334-2635
URL https://www.nipponhyojun.co.jp/

デザイン・編集協力　株式会社リーブルテック
印刷・製本　株式会社リーブルテック

ISBN 978-4-8208-0666-0　C3037　Printed in Japan
乱丁・落丁の場合はお取り替えいたします。